高等教育会计类创新应用型规划教材

国家级一流本科课程建设点配套教材

Exercises and Practices for Accounting Principles

会计学原理习题与实训

第二版

周忠民 主编
潘 彬 主审

东北财经大学出版社
Dongbei University of Finance & Economics Press
大连

图书在版编目（CIP）数据

会计学原理习题与实训 / 周忠民主编. —2版. —大连 ：东北财经大学出版社，2021.9（2024.2重印）
（高等教育会计类创新应用型规划教材）
ISBN 978-7-5654-4340-4

Ⅰ.会…　Ⅱ.周…　Ⅲ.会计学-高等学校-习题集　Ⅳ.F230-44

中国版本图书馆CIP数据核字（2021）第180809号

东北财经大学出版社出版
（大连市黑石礁尖山街217号　邮政编码　116025）
网　　址：http://www.dufep.cn
读者信箱：dufep@dufe.edu.cn
大连市东晟印刷有限公司印刷　　东北财经大学出版社发行

幅面尺寸：185mm×260mm　　字数：241千字　　印张：11.25
2021年9月第2版　　2024年2月第4次印刷

责任编辑：王　莹　周　晗　　责任校对：周小焕
封面设计：冀贵收　　版式设计：冀贵收

定价：30.00元

教学支持　售后服务　联系电话：（0411）84710309

如有印装质量问题，请联系营销部：（0411）84710711

FOREWORDS

第二版前言

会计学原理是会计学、财务管理、审计学专业的学科基础课，也是经济学、管理学等相关专业的一门专业必修课。该课程主要阐述会计学的基本理论、基本方法和基本操作技术，是整个会计学科体系的理论基础，既具有较强的理论性，也具有一定的实践性。在学习该门课程时，需要通过大量的练习和实训，熟练掌握相关的基本理论、基本方法和操作技术，进而提升专业能力和水平。基于此，我们根据多年来从事会计学原理课程的教学经验和心得体会，结合会计准则和税法的最新规定编写了《会计学原理习题与实训》，作为《会计学原理》教材的配套用书，以期给广大学习者提供充分的实务训练，使其通过强化练习和模拟实训，从不同角度加深对教材内容的理解，巩固所学专业知识，提升专业应用能力。

《会计学原理习题与实训》由周忠民担任主编，编写成员有周忠民、文孟婵、龚芬、张毅。其中第一章、第二章、第三章、第四章、模拟测试由周忠民编写，第五章、第六章由文孟婵编写，第七章、第八章、第九章、第十章由龚芬编写，第十一章、第十二章、综合模拟实训由张毅编写。全书由湖南省“芙蓉学者”特聘教授潘彬担任主审，负责习题与实训内容的审核。

在本习题与实训的编写过程中，我们吸纳了许多会计理论专家、学者的最新研究成果，参阅了国内很多具有广泛影响的教材，在此深表感谢！同时，本习题与实训的出版得到了东北财经大学出版社责任编辑和湖南财政经济学院领导、同仁的大力支持，在此一并表示感谢！

由于我们水平有限，本习题与实训难免有疏漏、不妥和错误之处，恳请各位同仁及读者朋友批评指正，以不断提高编写质量。如有赐教，请发送电子邮件至zhouzhongmin@hufe.edu.cn，编者深表感谢 。

编　者

2021年8月

Contents 目 录

第一章

总论

一、填空题

1. 中外会计学界对会计本质问题两种主流学派的观点，分别是：________和________。

2. 会计目标的两种学术观点是：________和________。

3. 会计的基本职能是：________和________。

4. 会计核算的方法包括：________、________、________、________、________、________、________七种。

5. 会计从其产生起一直发展到今天，经历了一个漫长的历史过程，这一过程大致可以分为________、________、________三个发展时期。

6. ________和________反映了我国封建社会会计的杰出成就，是我国人民对世界会计发展的重大贡献。

7. 1494年，意大利数学家卢卡·帕乔利出版了________，标志着借贷记账法及近代会计的形成。

8. 近代会计的发展轨迹可以描述为：________、________、________。

9. 按组织形式的不同，企业可以分为________、________、________三种类型。

二、单项选择题

1. 下列关于会计基本特征的说法中，不正确的是（　　）。

A. 会计是一种经济管理活动　　B. 会计以货币作为唯一的计量单位

C. 会计采用一系列专门的方法　　D. 会计具有核算和监督的基本职能

2. 会计计量的主要计量单位是（　　）。

A. 实物　　B. 货币

C. 时间　　D. 数量

3. 会计目标的“决策有用观”，认为会计是（　　）。

A. 向信息使用者提供可据以做出决策的会计信息

B. 对经济活动进行核算和控制

C. 对企业绩效进行评价

D. 反映企业管理层受托责任履行情况

4. 会计目标的“受托责任观”，认为会计是（　　）。

A. 向信息使用者提供可据以做出决策的会计信息

B. 对经济活动进行核算和控制

C. 对企业绩效进行评价

D. 反映企业管理层受托责任履行情况

5. 根据会计对象的具体内容和经济管理的要求对其进行科学分类，以便分门别类登记各种经济业务的会计核算方法是（　　）。

A. 设置会计科目和账户　　B. 复式记账

C. 填制和审核会计凭证　　D. 登记账簿

6. 按照经济业务发生的来龙去脉在两个以上相互联系的账户中进行双重平衡登记的会计核算方法是（　　）。

A.复式记账　　B.成本计算

C.登记账簿　　D.财产清查

7.企业对财产物资的实存数与账存数进行核对，以确保账实相符的会计核算方法是（　　）。

A.设置会计科目和账户　　B.复式记账

C.登记账簿　　D.财产清查

8.企业对外提供的反映企业某一特定日期的财务状况和某一会计期间的经营成果、现金流量等会计信息的文件是（　　）。

A.原始凭证　　B.记账凭证

C.财务报告　　D.会计账簿

9.在我国，“会计”一词最早出现在（　　）时期。

A.西周　　B.春秋

C.唐朝　　D.宋朝

10.被誉为会计发展史上的第二个里程碑是（　　）。

A.复式簿记法及借贷记账法的形成

B.第一个会计师协会——爱丁堡会计师协会的成立

C.会计分为财务会计和管理会计两大分支

D.“帕乔利时代”的形成

11.20世纪50年代以后，企业经营者对会计的要求大大提高，会计进入现代会计阶段。现代会计形成的标志是（　　）。

A.开始编制合并报表

B.成本计算和标准成本制度运用到会计核算中

C.会计分为财务会计和管理会计两大分支

D.电子计算机广泛应用于会计领域

12.会计学作为经济学的一个分支，它属于（　　）。

A.政治经济学　　B.经济管理学

C.计量经济学　　D.理论经济学

三、多项选择题

1.会计职能的“六职能”学说，认为会计除了反映经济情况、监督经济活动的基本职能以外，还具有（　　）的职能。

A.控制经济过程　　B.分析经济效果

C.预测经济前景　　D.参与经济决策

2.会计反映职能具有的特征包括（　　）。

A.会计反映以货币为主要计量单位

B.会计主要反映过去已经发生的经济活动

C.会计反映具有完整性、连续性和系统性

D.会计主要反映未来将要发生的经济活动

3.会计监督职能具有的特征包括（　　）。

A.强制性　　B.连续性

C.完整性　　　　D.严肃性

4.现代会计方法体系包括的内容有（　　）。

A.会计核算方法　　　　B.会计监督方法

C.会计预测方法　　　　D.会计决策方法

5.“四柱清册法”是我国唐宋时期比较成熟的一种记账方法。该记账方法中的“四柱”是指（　　）。

A.旧管　　　　B.新收

C.开除　　　　D.实在

6.明末清初，为适应商业和手工业的发展要求，我国在“四柱清册法”的基础上出现了“龙门账”。它将全部账目分为四大类，分别为（　　）。

A.进（收入）　　　　B.缴（支出）

C.存（资产）　　　　D.该（负债）

7.会计学按会计主体的性质划分，分支有（　　）。

A.企业会计　　　　B.财务会计

C.管理会计　　　　D.非营利组织会计

8.会计主体按其从事的领域可分为营利组织和非营利组织，其中非营利组织包括（　　）。

A.学校　　　　B.医院

C.科研机构　　　　D.企业

四、判断题

1.经济越发展，会计越重要。（　　）

2.会计的产生是为了适应人类生产活动发展的需要。（　　）

3.会计监督不仅体现在过去的经济业务上，还体现在业务发生过程之中和尚未发生之前，包括事前、事中和事后监督。（　　）

4.现代企业制度的基本特征是所有权与经营权相分离。（　　）

5.会计的核算职能与监督职能相互矛盾。（　　）

6.我国企业会计准则主要是基于受托责任观的会计目标，规定财务会计报告的目标是向报告使用者反映企业管理层受托责任履行情况。（　　）

7.《中华人民共和国会计法》赋予会计机构和会计人员实行监督的权利，但是没有规定监督者的法律责任。（　　）

8.会计的基本职能包括反映和监督，其中最基本的职能是监督。（　　）

五、简答题

1.什么是会计？如何理解关于会计本质问题的两种观点？

2. 什么是会计的职能？会计的反映职能和监督职能各有什么特征？

3. 如何理解受托责任观和决策有用观？

4. 会计的发展经历了哪些阶段？会计在不同发展阶段有何特点？

5. 什么是会计方法？会计核算的方法包括哪些？

6. 如何坚定会计文化自信？

本章参考答案

第二章

会计要素与会计等式

一、填空题

1.工业企业的资金运动要依次经过________、________和________三个具体阶段。

2.商业企业的经营过程分为________和________两个过程。

3.会计对象就是会计所要反映和监督的内容。在市场经济条件下，会计的对象就是____________。

4.会计要素是对____________按其经济特征的基本分类。

5.我国《企业会计准则——基本准则》严格定义了六大会计要素，其中属于资产负债表要素的是_______、_______和_______，属于利润表要素的是_______、_______和_______。

6.会计等式是描述各会计要素之间基本关系的恒等式，具体包括静态会计等式、________和________。

7.企业的所有者和债权人都对企业资产享有要求权，这种对资产的要求权在会计上称为__________。

8.静态会计等式是____________。

9.动态会计等式是____________。

10.综合会计等式是____________。

二、单项选择题

1.企业将储备的原料用于产品生产，储备资金即转化为（　　）。

A.货币资金　　B.生产资金

C.成品资金　　D.固定资金

2.下列各项中，属于固定资金占用形态的是（　　）。

A.应收账款　　B.原材料

C.产成品　　D.机器设备

3.企业的资产都是从一定的来源取得的，资金取得或形成的来源渠道，在会计上称为（　　）。

A.资产　　B.负债

C.所有者权益　　D.负债和所有者权益

4.费用是指企业在日常活动中发生的、与向所有者分配利润无关的，会导致所有者权益减少的（　　）。

A.经济利益的总流出　　B.生产费用

C.财力耗费　　D.经济损失

5.下列关于收入的说法中，错误的是（　　）。

A.收入是指企业在日常活动中形成的、会导致所有者权益增加、与所有者投入资本无关的经济利益的总流入

B.收入应在经济利益很可能流入企业，而且流入金额能够可靠计量的情况下才予以确认

C.符合收入定义和确认条件的要列入利润表

D.收入是指企业在日常活动中形成的、会导致所有者权益增加和负债增加的、与所有者投入资本无关的经济利益的总流入

6.工业企业销售原材料取得的收入属于（　　）。

A.主营业务收入　　B.其他业务收入

C.营业外收入　　D.投资收益

7.某企业月初资产总额1 000万元，负债总额300万元，本月发生以下经济业务：向银行借款100万元；用银行存款偿还应付账款80万元。则月末所有者权益总额为（　　）。

A.620万元　　B.700万元

C.720万元　　D.880万元

8.下列经济业务中，导致会计等式左右两边总额发生变化的是（　　）。

A.以银行存款30 000元购买材料

B.结转完工产品成本50 000元

C.购买机器设备100 000元，货款未付

D.收回客户所欠的货款60 000元

9.企业收入的发生会引起（　　）。

A.资产减少　　B.负债增加

C.所有者权益增加　　D.所有者权益减少

10.流动资产是指其变现或耗用期在（　　）。

A.一年以内

B.一个营业周期以内

C.一年内或超过一年的一个营业周期以内

D.超过一年的一个营业周期以上

11.某企业的采购员预借差旅费，所引起的金额变动为（　　）。

A.一项资产增加，一项负债增加

B.一项资产增加，另一项资产减少

C.一项资产减少，一项负债减少

D.一项负债增加，另一项负债减少

12.下列说法中，符合“资产=负债+所有者权益”会计等式的是（　　）。

A.资产和负债项目的一增一减

B.资产和负债项目的同增或同减

C.负债及所有者权益项目的同增或同减

D.资产内部项目的同增或同减

13.企业发生的罚款支出、捐赠支出属于（　　）。

A.管理费用　　B.资产减值损失

C.营业外支出　　D.期间费用

14.下列各会计要素中，静态会计等式不包含的要素是（　　）。

A.资产　　B.负债

C.收入　　D.所有者权益

15.下列各会计要素中，动态会计等式不包含的要素是（　　）。

A.收入　　B.费用

C.负债　　D.利润

16.下列经济业务中，会使资产和权益总额同时增加的业务是（　　）。
A.以银行存款归还银行借款
B.生产产品领用原材料
C.以资本公积转增资本
D.收到购货单位预付的款项并存入银行
17.下列费用中，不属于期间费用的是（　　）。
A.行政管理部门人员的工资
B.产品销售的广告费
C.销售人员预借差旅费
D.短期借款的利息支出
18.一项经济业务发生后引起银行存款减少5 000元，则不可能引起（　　）。
A.固定资产增加5 000元　　B.应付账款减少5 000元
C.管理费用减少5 000元　　D.短期借款减少5 000元
19.下列各项中，正确的经济交易类型是（　　）。
A.一项资产增加同时一项所有者权益减少
B.一项资产增加同时一项负债减少
C.一项资产增加同时另一项资产减少
D.一项负债增加同时一项所有者权益增加
20.下列各项中，被称为留存收益的是（　　）。
A.实收资本和资本公积　　B.实收资本和盈余公积
C.资本公积和盈余公积　　D.盈余公积和未分配利润

三、多项选择题

1.资产是（　　）的经济资源。
A.能以货币计量其价值　　B.具有实物形态
C.企业拥有或者控制　　D.预期能给企业带来经济利益
2.负债是（　　）的现时义务。
A.由企业过去的交易或者事项形成
B.预期会导致经济利益流出企业
C.日常经营活动形成
D.由企业未来的交易或者事项形成
3.下列各项中，属于收入要素特征的是（　　）。
A.企业在日常活动中形成的经济利益总流入
B.收入的形成会导致所有者权益增加
C.所有者投入企业的资本也属于收入
D.收入是与所有者投入资本无关的经济利益总流入
4.下列各项中，属于费用要素特征的是（　　）。
A.企业在日常活动中形成的经济利益总流出
B.费用的产生会导致所有者权益减少
C.向所有者分配利润的支出也属于费用

D.费用是与向所有者分配利润无关的经济利益总流出

5.所有者权益与负债有着本质的区别，即（　　）。

A.归还期限不同　　B.享有权利的内容不同

C.权益性质不同　　D.风险程度不同

6.下列各项中，属于债权人权利的是（　　）。

A.对企业的负债限额做出一定限制

B.参与企业的生产经营管理

C.参与企业的投资决策

D.定期收取利息

7.下列各项中，属于资产要素的是（　　）。

A.预付账款　　B.预收账款

C.交易性金融资产　　D.长期待摊费用

8.下列各项中，属于负债要素的是（　　）。

A.应付账款　　B.预付账款

C.预收账款　　D.应收账款

9.下列各项中，属于流动负债的是（　　）。

A.短期借款　　B.预付账款

C.应付债券　　D.预收账款

10.下列各项中，属于所有者权益要素的是（　　）。

A.实收资本　　B.资本公积

C.盈余公积　　D.投资收益

11.下列各项中，属于广义收入范畴的是（　　）。

A.主营业务收入　　B.其他业务收入

C.营业外收入　　D.投资收益

12.下列各项中，属于费用要素的是（　　）。

A.期间费用　　B.主营业务成本

C.税金及附加　　D.生产成本

13.下列各项中，属于企业销售费用的是（　　）。

A.为推销产品发生的广告费

B.为推销产品发生的展览费

C.销售人员薪酬

D.企业的董事会人员工作经费

14.下列各项中，属于企业在非日常活动中获得的经济利益流入的有（　　）。

A.销售产品取得的收入　　B.接受捐赠取得的收入

C.收到的罚款收入　　D.投资收益

15.下列各项中，属于企业在非日常活动中形成的经济利益流出的有（　　）。

A.支付本月办公用房的租金

B.固定资产毁损报废产生的损失

C.罚款支出和捐赠支出

D.自然灾害等原因所造成的非常损失

四、判断题

1.资产可以是货币，也可以是实物；可以是有形的，也可以是无形的。（ ）

2.收入的取得一定表现为企业资产的增加。（ ）

3.企业投资者投入的资金就是企业的注册资本。（ ）

4.费用按其内容可以分为生产成本、销售费用、管理费用和直接费用四大类。（ ）

5.收到货币资金并非都是营业收入，但支出货币资金都是营业成本和费用。（ ）

6.企业的资金来源不外乎两个方面，即投资者投入及企业盈利。（ ）

7.企业的资产与权益在数量上始终是相等的。（ ）

8.所有者权益是企业投资者对企业资产的要求权，在数量上等于总资产减去总负债的余额。（ ）

9.只要是企业拥有或控制的资源就可以确认为企业的资产。（ ）

10.所有经济业务的发生，都会引起会计等式两边资金总额发生变化，但不破坏会计等式的恒等关系。（ ）

11.资产是企业拥有的资源，企业对借入的款项并不拥有所有权，因而不能将其确认为企业的资产。（ ）

12.企业的一台设备因操作不当，烧毁了核心部件并无修复可能，但其实体仍然保持完整，因而可以继续将其确认为企业的资产。（ ）

13.企业的资产按其流动性可分为流动资产和非流动资产两类。（ ）

14.应收账款、预收账款、其他应收款均为企业的资产。（ ）

15.正常营业周期通常是指企业从购买用于加工的原材料开始，至现金或现金等价物流入为止所经历的期间。（ ）

16.预付账款是指企业按照合同规定预先支付给供应商的款项，由于款项已经支付，因而不应再将其确认为企业的资产。（ ）

17.盈余公积是企业从实现的净利润中提取并留存于企业的部分。（ ）

18.不论什么企业，其营业周期都是一个公历年度。（ ）

19.静态会计等式实质上反映了企业资金的两个不同侧面。（ ）

20.动态会计等式反映企业某一特定日期的经营成果。（ ）

五、业务题

（一）熟悉会计要素的内容

假设金麓公司202×年6月30日资产、负债和所有者权益的相关项目及金额如下所示：

（1）库存现金2 000元；

（2）银行存款户存款354 500元；

（3）生产产品用原材料360 000元；

（4）办公楼、厨房及其他建筑物价值4 920 000元；

（5）投资者投入资本7 000 000元；

（6）从工商银行借入期限为4个月的借款200 000元；

（7）库存产成品价值300 000元；

（8）生产车间机器设备2 000 000元；

（9）运输用汽车208 000元；

（10）应收销售甲公司产品货款48 500元；

（11）企业拥有的专利技术价值80 000元；

（12）向乙公司购买材料欠款140 000元；

（13）采购员张涛借支差旅费2 000元；

（14）应交各种税费15 000元；

（15）从建设银行借入期限为2年的借款600 000元；

（16）以前年度从净利润中提取盈余公积200 000元；

（17）本年实现利润120 000元。

要求：请根据上述资料，确定该公司202×年6月30日资产、负债和所有者权益各项目的金额，填入表2-1中。

表2-1 各项目的金额 单位：元

资产	金额	负债和所有者权益	金额
库存现金		短期借款	
银行存款		应付账款	
应收账款		应交税费	
其他应收款		长期借款	
存货		实收资本	
固定资产		盈余公积	
无形资产		本年利润	
资产总计		负债和所有者权益总计	

（二）熟悉基本会计等式

假设金麓公司202×年8月1日资产、负债及所有者权益状况见表2-2。

表2-2 资产、负债及所有者权益状况 单位：元

资产	金额	负债和所有者权益	金额
库存现金	1 000	短期借款	30 000
银行存款	35 000	应付账款	18 000
应收账款	24 000	长期借款	80 000
原材料	42 000	实收资本	100 000
固定资产	126 000		
资产总计	228 000	负债和所有者权益总计	228 000

该公司8月份发生下列经济业务：

（1）2日，以银行存款支付前欠采购材料的应付账款10 000元；

（2）4日，从银行取得一笔2年期的借款50 000元；

（3）6日，用银行存款偿还短期借款20 000元；

（4）10日，收到外单位投资的设备一台，价值40 000元；

（5）12日，收到上个月销售产品的应收账款21 000元；

（6）16日，以银行存款采购原材料一批，价值12 000元；

（7）25日，从银行提取2 000元现金备用。

要求：根据上述资料，分析每笔经济业务的发生对会计等式的影响，计算该公司资产、负债、所有者权益的数额并填入表2-3。

表2-3　**资产、负债、所有者权益数额**　单位：元

资产	金额	负债和所有者权益	金额
库存现金		短期借款	
银行存款		应付账款	
应收账款		长期借款	
原材料		实收资本	
固定资产			
资产总计		负债和所有者权益总计	

（三）熟悉综合会计等式

甲、乙、丙、丁分别代表四个独立无关的公司，假设本期除了实现利润外无其他引起所有者权益变动的经济业务。请根据给定资料将正确数字填入表2-4的空格中。

表2-4　**资产负债表相关数据**　单位：元

	项目	甲	乙	丙	丁
期初	资产		700 000	650 000	560 000
	负债	80 000	90 000	40 000	130 000
	所有者权益				
期末	资产	350 000	890 000	780 000	820 000
	负债	70 000		90 000	230 000
	所有者权益				
本期	收入	500 000	330 000		940 000
	费用	250 000	220 000	190 000	
	利润				

（四）熟悉业务发生对会计等式的影响

假设金麓公司202×年12月初的资产为6 630 000元，负债为4 230 000元，所有者权益为2 400 000元，12月份发生的全部经济业务如下：

（1）所有者追加投入资金1 000 000元，存入银行。

（2）采购一批原材料，采购成本为124 000元，款项暂未支付。

（3）采购一台机器设备，采购成本为263 000元，款项以银行存款支付。

（4）以银行存款偿还一笔到期的短期借款500 000元。

（5）销售一批产品，价款为640 000元，款项暂未收到。

（6）本月发生办公费24 000元，水电费12 600元，以银行存款支付。

（7）结转本月销售产品的成本364 000元。

（8）债权人甲将其原借给公司的长期借款300 000元转作对金麓公司的投资。

（9）股东乙由于资金周转困难，从公司撤回投资200 000元，以银行存款支付。

要求：请计算金麓公司12月末的资产、负债、所有者权益以及12月的收入、费用、利润。

（1）资产=

（2）负债=

（3）所有者权益=

（4）收入=

（5）费用=

（6）利润=

本章参考答案

第三章

会计核算基础

一、填空题

1. 根据我国《企业会计准则——基本准则》的规定，企业组织会计核算时应遵循的会计假设包括：________、________、________和________。

2. 当企业收入、费用的收支期与归属期不一致时，有____________和____________两种会计处理基础。

3. 企业的会计信息使用者可以分为内部信息使用者和外部信息使用者，其中外部信息使用者包括：____________、____________、____________以及____________等。

4. 我国《企业会计准则——基本准则》规定，会计信息质量特征包括八项，分别是：____________、____________、____________、____________、____________、____________、____________、____________。

5. 在长期的会计实践中，通过不断总结，对会计信息的加工与处理形成了以____________、____________、____________和____________为主要环节的会计程序。

6. 会计计量属性是指会计要素的数量特征或外在表现形式，它反映了会计要素金额的确定基础，主要包括：____________、____________、____________、____________和____________等。

二、单项选择题

1. 确定会计核算工作空间范围的前提条件是（　　）。

A. 会计主体　　B. 持续经营

C. 会计分期　　D. 货币计量

2. 会计核算基本前提中，对会计所服务对象经营活动的持续性做出基本设定的是（　　）。

A. 会计主体　　B. 持续经营

C. 会计分期　　D. 货币计量

3. 会计核算基本前提中，对会计所服务对象经营活动的持续性进行合理期间划分做出基本设定的是（　　）。

A. 会计主体　　B. 持续经营

C. 会计分期　　D. 货币计量

4. 会计核算基本前提中，对会计所服务对象发生的经济业务进行处理时所采用计量单位做出基本设定的是（　　）。

A. 会计主体　　B. 持续经营

C. 会计分期　　D. 货币计量

5. 建立货币计量假设的同时必须确立的假设条件是（　　）。

A. 币值变动　　B. 人民币计量

C. 记账本位币计量　　D. 币值稳定

6. 某企业202×年3月20日采用赊销方式销售产品58 000元，于5月16日收到货款。如果按收付实现制核算，则该项收入属于（　　）。

A. 该年3月　　B. 该年4月

C. 该年5月　　D. 该年12月

7. 某企业202×年9月支付了销售人员工资24 000元，支付了本月的产品展览费20 000元，同时预付了202×年第四季度的广告费30 000元。如果按权责发生制核算，该企业

202×年9月的销售费用发生额为（　　）。

A.24 000元　　B. 44 000元

C. 54 000元　　D. 74 000元

8.某企业的会计人员在编制资产负债表时，将公司投资者的财产与企业的财产放在一起核算，这违背了（　　）。

A.会计主体假设　　B.会计分期假设

C.实质重于形式　　D.相关性

9.某企业对存货提取跌价准备，对应收账款计提坏账准备，这一做法是为了满足会计信息质量特征的（　　）。

A.及时性　　B.可比性

C.实质重于形式　　D.谨慎性

10.会计核算提供的信息应当以实际发生的经济业务为依据，如实反映财务状况与经营成果，这是为了满足会计信息质量特征的（　　）。

A.及时性　　B.可靠性

C.相关性　　D.谨慎性

11.企业处理会计业务的方法和程序在不同会计期间要保持前后一致，不得随意变更，这是为了满足会计信息质量特征的（　　）。

A.谨慎性　　B.可比性

C.及时性　　D.相关性

12.企业提供的会计信息应当与财务会计报告使用者的经济决策需要相关，这是为了满足会计信息质量特征的（　　）。

A.可靠性　　B.相关性

C.可理解性　　D.实质重于形式

13.企业以融资租赁方式租入的固定资产，在会计核算时将其视同为企业自己的资产进行会计处理，这是为了满足会计信息质量特征的（　　）。

A.可比性　　B.实质重于形式

C.谨慎性　　D.及时性

14.企业提供的会计信息应当反映与企业财务状况、经营成果和现金流量等有关的所有重要交易或者事项，这是为了满足会计信息质量特征的（　　）。

A.可比性　　B.重要性

C.谨慎性　　D.及时性

15.某企业202×年9月以银行存款预付第四季度的保险费24 000元，对该项保险费支出正确的处理是（　　）。

A.全部计入该年9月的费用

B.全部计入该年10月的费用

C.全部计入该年12月的费用

D.按一定的方法分摊计入该年10月、11月、12月三个月的费用

三、多项选择题

1.关于会计主体的概念，下列说法中正确的有（　　）。

A.可以是独立法人，也可以是非法人
B.可以是一个企业，也可以是企业内部的某一个单位
C.可以是单一的企业，也可以是由几个企业组成的企业集团
D.某一会计主体的核算内容包括其投资者的生产经营活动
2.会计处理基础包括（　　）。
A.会计主体　　B.权责发生制
C.收付实现制　　D.持续经营
3.某企业202×年9月发生的下列经济业务中，根据权责发生制属于本期的收入和费用的是（　　）。
A.支付第四季度的房租90 000元
B.本月销售一批商品，货款58 000元尚未收到
C.通过银行支付本月的水电费共计12 000元
D.计提应由本月负担的银行借款利息费用3 000元，但尚未支付
4.会计信息质量特征的可比性包括（　　）。
A.同一企业不同时期的纵向可比
B.不同企业相同会计期间的横向可比
C.收入和费用必须一致
D.会计指标口径和会计处理方法不能变更
5.下列各项中，不属于持续经营的有（　　）。
A.大规模地削减业务
B.停业整顿
C.破产清算
D.按照当前规模继续经营
6.会计信息的内部使用者包括（　　）。
A.各级管理人员　　B.企业的员工
C.企业的工会组织　　D.企业的股东
7.明确界定会计主体假设具有重要意义，主要体现在（　　）。
A.划定会计所要处理的各项经济业务的空间范围
B.将本会计主体的经济业务与其他会计主体的经济业务区别开来
C.划定会计所要处理的各项经济业务的时间范围
D.为会计分期假设提供必要的基础
8.会计要素的初始确认条件包括（　　）。
A.符合会计要素的定义
B.有关的经济利益很可能流入或流出企业
C.有关的经济利益可能流入或流出企业
D.有关的价值以及流入或流出的经济利益的金额能够可靠地计量
9.会计要素的计量涉及的问题包括（　　）。
A.计量单位　　B.计量属性
C.计量技术　　D.计量工具

10.会计要素的计量属性主要有（　　）以及公允价值。

A.重置成本　　　　B.可变现净值

C.现值　　　　D.历史成本

四、判断题

1.会计核算基本前提也称为会计假设。（　　）

2.会计货币计量单位只有一种。（　　）

3.谨慎性就是要求会计核算工作中不夸大企业的资产或负债。（　　）

4.在实务工作中，企业会计信息的重要性主要依赖于职业判断。（　　）

5.实质重于形式是指企业应当按照交易或者事项的经济实质进行确认、计量和报告，不应仅以交易或者事项的法律形式为依据。（　　）

6.重要性就是指反映的企业财务信息非常重要。（　　）

7.我国所有企业的会计核算都必须以人民币作为记账本位币。（　　）

8.会计分期假设与持续经营假设一样，都是对会计的正常活动做出时间上的规定。（　　）

9.会计信息质量特征的可比性要求对相同或相似的经济业务采用一致的会计政策。（　　）

10. 会计信息质量特征的实质重于形式，其中的"实质"是指经济业务所具有的经济实质，"形式"是指经济业务所具有的法律形式。（　　）

11. 在历史成本计量下，资产按照取得或制造时实际支付的现金或现金等价物的金额，或者按照购置资产时所付出对价的公允价值进行计量。（　　）

12.重置成本多用于存货等资产减值情况下的后续计量。（　　）

13.可变现净值多用于盘盈固定资产的计量。（　　）

14.采用公允价值计量时，资产和负债按照在公平交易中熟悉情况的交易双方自愿进行资产交换或者债务清偿的金额计量。（　　）

15.我国企业会计准则规定，企业在进行会计核算时，一般应当采用公允价值计量；采用其他计量属性时，应当保证所确定的会计要素金额能够取得并且可靠。（　　）

五、业务题

（一）熟悉权责发生制与收付实现制

假设金麓公司202×年9月发生以下经济业务：

（1）销售产品80 000元，货款存入银行；

（2）销售产品30 000元，货款尚未收到；

（3）预付该年第四季度房租15 000元；

（4）计提本月应负担的固定资产折旧费3 200元；

（5）收回上月销货款25 000元；

（6）预收销货款10 000元。

要求：根据上述资料，分别按权责发生制和收付实现制原则列表计算该企业本月收入、费用，并计算利润，填入表3-1。

表3-1　收入费用计算表　单位：元

业务号	权责发生制		收付实现制	
	收入	费用	收入	费用
(1)				
(2)				
(3)				
(4)				
(5)				
(6)				
合计				

（二）熟悉会计要素与会计等式

假设金麓公司202×年3月末各项目余额如下：

（1）银行账户存款420 000元；

（2）投资者投入的资本3 000 000元；

（3）向银行借入的2年期借款600 000元；

（4）出纳处存放的现金1 500元；

（5）向银行借入半年期的借款500 000元；

（6）仓库里存放的原材料519 000元；

（7）应付外单位货款80 000元；

（8）机器设备价值2 500 000元；

（9）房屋及建筑物价值420 000元；

（10）仓库里存放的产成品价值228 500元；

（11）应收外单位货款100 000元；

（12）以前年度尚未分配的利润750 000元；

（13）正在加工中的产品75 500元；

（14）对外长期股权投资700 000元；

（15）应缴纳的各种税费34 500元。

要求：将上述各项目按资产、负债或所有者权益划分类别，计算资产、负债、所有者权益各项目金额合计，填入表3-2。

表 3-2　**各项目金额**　单位：元

资产	金额	负债和所有者权益	金额
库存现金		短期借款	
银行存款		应付账款	
应收账款		应交税费	
存货		长期借款	
长期股权投资		实收资本	
固定资产		未分配利润	
资产总计		负债和所有者权益总计	

本章参考答案

第四章

账户与复式记账

一、填空题

1. 会计科目按其提供会计信息的详细程度不同，可以分为________和________。

2. 记账方法由________、________、________、________和________等构成。

3. 借贷记账法的记账规则是：________、________。

4. 会计分录由________、________和________三部分构成。

5. 借贷记账法的试算平衡包括发生额试算平衡和余额试算平衡两个方面。其中，发生额试算平衡是由________决定的；余额试算平衡是由________决定的。

二、单项选择题

1.会计科目是对（ ）的具体内容进行分类核算的项目。

A.经济业务　　B.会计账户

C.会计要素　　D.经济活动

2.会计科目是（ ）的名称。

A.会计等式　　B.会计账户

C.会计要素　　D.会计对象

3.下列关于总分类科目的表述中，不正确的是（ ）。

A.总分类科目是对会计要素内容进行总括分类形成的项目

B.总分类科目也称一级科目或总账科目

C.根据总分类科目设置的账户可以提供详细的信息指标

D.总分类科目是对会计要素的具体内容进行总分类核算的依据

4.下列关于明细分类科目的表述中，不正确的是（ ）。

A.明细分类科目是对会计要素内容进行明细分类所形成的项目

B.明细分类科目是对会计要素的具体内容进行总分类核算的依据

C.明细分类科目是对会计要素的具体内容进行明细分类核算的依据

D.利用明细分类科目设置的账户可以提供详细的信息指标

5.账户期末余额的计算公式是（ ）。

A.期末余额=上期期初余额+本期增加额-本期减少额

B.期末余额=本期期初余额+本期增加额-本期减少额

C.期末余额=上期期初余额+本期减少额-本期增加额

D.期末余额=本期期初余额+本期减少额-本期增加额

6.会计科目和账户（ ）。

A.都是会计核算方法

B.作用相同

C.反映的经济内容不同

D.区别在于账户有结构，而会计科目无结构

7.一般来说，一个账户的增加额与期末余额应该记在账户的（ ）。

A.左方　　B.右方

C.相同方向　　D.相反方向

8.某项经济业务使固定资产和实收资本同时增加，该经济业务为（　　）。

A.购入全新的机器设备　　B.出售报废的机器设备

C.用机器设备对外投资　　D.收到投资者投入的机器设备

9.假如企业某个账户期初余额为8 400元，期末余额为9 600元，本期减少发生额为2 500元，则本期增加发生额为（　　）。

A.1 200元　　B.3 700元

C.1 300元　　D.2 500元

10.在借贷记账法中，决定账户哪一方登记增加数、哪一方登记减少数的因素是（　　）。

A.记账规则　　B.账户性质

C.业务性质　　D.账户结构

11.复式记账法的基本理论依据是（　　）的平衡原理。

A.资产=负债+所有者权益

B.收入-费用=利润

C.期初余额+本期增加数-本期减少数=期末余额

D.借方发生额=贷方发生额

12.借贷记账法的双重性质账户，其性质应根据（　　）来决定。

A.期初余额　　B.借方发生额

C.贷方发生额　　D.期末余额

13.下列账户中，与负债类账户结构相同的是（　　）。

A.资产类账户　　B.成本类账户

C.费用类账户　　D.所有者权益类账户

14.标明某项经济业务应借、应贷账户及其金额的记录称为（　　）。

A.会计账户　　B.会计分录

C.记账方法　　D.会计方法

15.简单会计分录是指（　　）的会计分录。

A.一借多贷　　B.一借一贷

C.一贷多借　　D.多借多贷

三、多项选择题

1.下列关于会计科目的表述中，正确的说法有（　　）。

A.会计科目是对会计要素进行分类所形成的具体项目

B.会计科目是设置会计账户的依据

C.设置会计科目是一种重要的会计核算方法

D.会计科目是对会计等式进行分类

2.复式记账法的优点包括（　　）。

A.能够全面反映经济业务内容和资金运动的来龙去脉

B.能够进行试算平衡，检查账户记录是否正确

C.账户设置完整

D.能够防止一切错弊

3.复式记账法按采用的记账符号和记账规则的不同，可以分为（　　）。
A.增减记账法　　B.收付记账法
C.借贷记账法　　D.现金记账法
4.在借贷记账法下，账户一般应包括的要素有（　　）。
A.账户名称　　B.日期和摘要
C.凭证号数　　D.借方、贷方和余额
5.按借贷记账法的要求，下列会计事项中登记在借方的是（　　）。
A.资产增加　　B.负债增加
C.所有者权益增加　　D.成本费用增加
6.按借贷记账法的要求，下列会计事项中登记在贷方的是（　　）。
A.资产增加　　B.负债增加
C.所有者权益增加　　D.收入增加
7.下列账户中，属于成本类账户的是（　　）。
A.生产成本　　B.制造费用
C.主营业务成本　　D.其他业务成本
8.下列账户中，属于损益类账户的是（　　）。
A.所得税费用　　B.投资收益
C.制造费用　　D.管理费用
9.下列账户中，属于所有者权益类账户的是（　　）。
A.投资收益　　B.实收资本
C.资本公积　　D.盈余公积
10.在借贷记账法下，期末结账后一般无余额的账户是（　　）。
A.银行存款　　B.主营业务收入
C.管理费用　　D.投资收益
11.在借贷记账法下，期末结账后余额一般在借方的账户是（　　）。
A.无形资产　　B.库存现金
C.短期借款　　D.主营业务成本
12.在借贷记账法下，期末结账后余额一般在贷方的账户是（　　）。
A.长期借款　　B.应付利息
C.短期借款　　D.主营业务成本
13.下列各项中，属于复合会计分录的是（　　）。
A.一借多贷的分录　　B.一借一贷的分录
C.一贷多借的分录　　D.多借多贷的分录
14.借贷记账法的试算平衡公式有（　　）。
A.每个账户本期借方发生额=每个账户本期贷方发生额
B.全部账户本期借方发生额合计=全部账户本期贷方发生额合计
C.全部账户期末借方余额合计=全部账户期末贷方余额合计
D.每个账户期末借方余额=每个账户期末贷方余额
15.通过总分类账户发生额及余额试算表不能发现的错误有（　　）。

A.重记或者漏记某一笔经济业务

B.将应记账的账户名称弄错

C.登记账户时将某一方账户的金额数字位次写颠倒

D.登记账户时将借贷记账方向搞反

四、判断题

1.会计科目是对会计要素具体内容进行分类核算所规定的项目。（ ）

2.企业对统一规定的会计科目不能进行增补或兼并。（ ）

3.会计账户是记录企业经济业务具体内容的载体。（ ）

4.账户的期初余额是从上一个会计期末结转而来的余额。（ ）

5.总分类账户是根据总分类科目设置的，用以提供会计要素某些方面的详细信息。（ ）

6.复式记账法是指对企业发生的经济业务分别在总分类账和明细分类账中进行记录的方法。（ ）

7.借贷记账法的记账符号"借"只表示增加，"贷"只表示减少。（ ）

8.借贷记账法下，负债类账户与所有者权益类账户的结构一致。（ ）

9.无论是一贷多借、一借多贷，还是多借多贷，记入借方金额合计数一定等于贷方金额合计数。（ ）

10.账户期末余额的方向是固定不变的。（ ）

11.账户期末余额的方向通常在记录增加发生额的一方。（ ）

12.对应账户是指存在对应关系的账户。（ ）

13.一个账户的借方发生额合计数与贷方发生额合计数总是相等。（ ）

14.发生额试算平衡的理论依据是"资产=负债+所有者权益"。（ ）

15.借贷记账法下试算平衡时，若借贷双方不平衡，说明记账肯定存在错误；若借贷双方平衡，说明记账没有错误。（ ）

五、业务题

（一）熟悉各类账户结构

假设金麓公司202×年4月末部分账户资料见表4-1，请根据给定资料将正确数字填入表中空格。

表4-1 **部分账户资料** 单位：元

账户名称	期初余额	本期借方发生额	本期贷方发生额	期末余额
库存现金	13 000	12 000		14 000
银行存款		24 000	12 000	37 000
应收账款	3 000	1 500		3 600
原材料	3 000	40 000	35 000	
固定资产	145 000		24 000	157 000
短期借款		2 000	4 500	28 000
应付账款	35 000	20 000	15 000	
实收资本	350 000	300 000	10 000	

（二）熟悉账户结构及试算平衡

假设金麓公司202×年4月末各账户的有关资料见表4-2，请根据给定资料将正确的数字填入表中适当的空格。

表4-2 账户资料 单位：元

账户名称	期初余额		本期发生额		期末余额	
	借方	贷方	借方	贷方	借方	贷方
资产：						
库存现金	475		2 180		480	
银行存款	1 345			4 230	1 000	
应收账款			2 300	9 200	1 500	
存货	2 500		860		2 050	
固定资产	10 830		25 000		18 470	
权益：						
短期借款		9 200	10 000			5 000
应付账款		4 350		2 850		3 500
实收资本		10 000	25 000	30 000		
合计						

（三）熟悉会计分录

假设金麓公司202×年4月份根据发生的经济业务编制了如下会计分录，请根据会计分录将经济业务的具体内容表述出来。

1.借：银行存款 15 000
　贷：库存现金 15 000

2.借：应收账款 20 000
　贷：主营业务收入 20 000

3.借：固定资产 36 000
　贷：银行存款 36 000

4.借：原材料 58 000
　贷：应付账款 58 000

5.借：银行存款　　300 000
　　贷：长期借款　　300 000

6.借：无形资产　　120 000
　　贷：实收资本　　120 000

7.借：主营业务成本　　12 000
　　贷：库存商品　　12 000

8.借：应交税费　　4 500
　　贷：银行存款　　4 500

9.借：资本公积　　80 000
　　贷：实收资本　　80 000

10.借：应付账款　　20 000
　　贷：银行存款　　20 000

(四) 熟悉会计分录与账户对应关系

假设金麓公司202×年5月发生了四笔经济业务，将四笔经济业务编制会计分录并登记入账后，各个账户的借方发生额、贷方发生额见表4-3。请对给定的资料进行分析，并写出四笔经济业务的会计分录。

表4-3　各账户发生额　单位：元

账户名称	借方发生额	贷方发生额
银行存款	305 000	56 000
应收账款	4 000	
原材料	89 000	
应付账款		40 000
实收资本		300 000
主营业务收入		9 000
销售费用	7 000	
合 计	405 000	405 000

会计分录为：

(1)

(2)

(3)

(4)

（五）熟悉借贷记账法基本原理

假设金麓公司202×年5月31日各资产、负债、所有者权益账户的余额以及202×年6月发生的经济业务如下所述。要求：

（1）针对该公司6月份发生的经济业务编制会计分录；

（2）开设“T”形账，根据给出资料登记期初余额，并根据所编制的会计分录登记各账户本期发生额，结出期末余额；

（3）根据“T”形账登记结果编制该公司202×年6月30日试算平衡表。

1. 金麓公司202×年5月31日各账户期余末额资料（见表4-4）

表4-4 **金麓公司202×年5月各账户期末余额** 单位：元

资产	金额	负债和所有者权益	金额
库存现金	5 000	短期借款	200 000
银行存款	160 000	应付职工薪酬	35 000
应收账款	50 000	应付账款	85 700
其他应收款	2 000	应交税费	56 300
原材料	80 000	实收资本	800 000
固定资产	880 000		
资产总计	1 177 000	负债和所有者权益总计	1 177 000

2. 金麓公司202×年6月发生的经济业务

（1）购入价值10 000元的原材料，材料已验收入库，货款暂欠。

（2）收到所有者投入的货币资金400 000元，存入银行。

（3）用银行存款购入一台机器设备，价值128 000元。

（4）从银行提取现金40 000元，以备零星开支。

（5）用银行存款47 500元偿还前欠供应商的货款。

（6）以银行存款100 000元归还短期借款。

（7）采购员出差预借差旅费5 000元，以现金支付。

（8）收到某购货单位前欠货款35 000元，已送存银行。

（9）以银行存款46 300元缴纳税金。

（10）用银行存款支付职工工资32 000元。

3.开设“T”形账将会计分录登记入账

库存现金

期初余额：5 000	
本期发生额：	本期发生额：
期末余额：	

银行存款

期初余额：160 000	
本期发生额：	本期发生额：
期末余额：	

应收账款

期初余额：50 000	
本期发生额：	本期发生额：
期末余额：	

其他应收款

期初余额：2 000	
本期发生额：	本期发生额：
期末余额：	

原材料

期初余额：80 000	
本期发生额：	本期发生额：
期末余额：	

固定资产

期初余额：880 000	
本期发生额：	本期发生额：
期末余额：	

短期借款

	期初余额：200 000
本期发生额：	本期发生额：
	期末余额：

应付职工薪酬

	期初余额：35 000
本期发生额：	本期发生额：
	期末余额：

应付账款

	期初余额：85 700
本期发生额：	本期发生额：
	期末余额：

应交税费

	期初余额：56 300
本期发生额：	本期发生额：
	期末余额：

实收资本

	期初余额：800 000
本期发生额：	本期发生额：
	期末余额：

4.编制发生额及余额试算平衡表（见表4-5）

表4-5　　**发生额及余额试算平衡表**　　单位：元

账户名称	期初余额		本期发生额		期末余额	
	借方	贷方	借方	贷方	借方	贷方
库存现金						
银行存款						
应收账款						
其他应收款						
原材料						
固定资产						
短期借款						
应付职工薪酬						
应付账款						
应交税费						
实收资本						
合计						

本章参考答案

第五章

制造企业主要经济业务核算

一、填空题

1. 企业在经营过程中发生的主要经济业务内容包括：______、______、______、______以及利润形成与利润分配等五个方面。

2. 企业的资金来源主要有两大部分：______、______。

3. 我国企业会计准则规定，发出材料计价可以选择______、______、______等方法。

4. 企业日常活动中发生的费用可分为两类：______和______。

5. 产品的成本项目一般分为：______、______、______。

6. 企业的期间费用包括：______、______、______。

7. 财务费用是指企业筹集资金发生的费用，主要包括：______、______、______等。

8. 按照企业从事日常活动的重要性，可将收入分为：______、______。

9. 企业当年实现的净利润，其分配顺序为：______、______、______。

10. 根据收入类账户和费用类账户发生额结转时间的不同，其结转入“本年利润”账户的方法可分为以下两种：______和______。

二、单项选择题

1. 下列不属于材料采购成本的是（ ）。

A. 采购材料的运杂费　　B. 买价

C. 可抵扣的增值税　　D. 入库前的仓储费

2. 需要安装后才能使用的固定资产，在达到预定可使用状态交付使用之前发生的开支应通过（ ）账户核算成本。

A. 长期借款　　B. 在建工程

C. 工程物资　　D. 固定资产

3. 企业计提短期借款利息时应借记（ ）。

A. 短期借款　　B. 应付利息

C. 管理费用　　D. 财务费用

4. 某企业购入原材料，以银行存款支付其买价10 000元，增值税进项税额1 300元，运费500元，装卸费300元，运输途中材料不合理损耗200元。则该批材料的实际采购成本为（ ）。

A. 10 800元　　B. 12 600元

C. 11 000元　　D. 11 600元

5. 已知“预付账款”账户本期借方发生额为5 400元，贷方发生额为3 000元，期末借方余额为8 000元，则期初余额为（ ）。

A. 4 000元　　B. 10 400元

C. 5 600元　　D. 400元

6. 下列项目中属于制造企业主营业务收入的是（ ）。

A. 销售企业多余材料　　B. 包装物出售及出租业务收入

C. 向客户提供运输劳务收入　　D. 产品销售收入

7.某企业当月生产产品当月全部完工并且销售完毕，账务处理误将车间管理人员工资计入管理费用，则当月的产品销售成本（　　）。

A.偏高　　B.偏低

C.不高不低　　D.可能高也可能低

8.漏提固定资产折旧，会使当月（　　）。

A.费用和固定资产净值减少　　B.费用和固定资产净值增加

C.费用减少　　D.费用减少，利润也减少

9.制造费用分配标准一般不包括（　　）。

A.生产工时　　B.生产工人工资

C.机器工时　　D.管理人员工时

10.下列属于其他业务收入的是（　　）。

A.罚款收入　　B.出售材料收入

C.政府补助收入　　D.清理固定资产净收益

11.企业将一季度的利息全部计入3月份，会使3月份（　　）。

A.管理费用增加　　B.财务费用增加，利润减少

C.财务费用减少　　D.管理费用增加，利润减少

12.企业预计应交所得税的会计处理，应借记（　　）。

A.管理费用　　B.税金及附加

C.销售费用　　D.所得税费用

13.所得税费用期末应转入（　　）账户的借方。

A.主营业务收入　　B.本年利润

C.利润分配　　D.营业外收入

14.某企业202×年8月向海星公司采购A、B两种材料，其中A材料2 000千克，单价10元/千克；B材料500千克，单价80元/千克。采购两种材料共发生运杂费5 000元，手续费3 000元。该公司计算材料采购成本时运杂费按重量分配，手续费按货款金额分配，则A材料单位采购成本为（　　）元/千克。

A.13.5　　B.12.5

C.12　　D.10

15.下列表述中正确的是（　　）。

A.提取盈余公积和向投资者分配利润均不会减少企业的所有者权益

B."本年利润"账户用来核算企业实现的净利润或净亏损，属于损益类账户

C.营业外收支是与企业生产经营无关的收入和支出，不影响财务成果

D."利润分配"账户的余额可能在借方，也可能在贷方

三、多项选择题

1.企业在经营期间增加资本的途径一般有（　　）。

A.所有者追加投资　　B.资本公积转增资本

C.向银行取得长期借款　　D.盈余公积转增资本

2.下列项目中，构成产品成本的有（　　）。

A.直接材料　　B.直接人工

C.制造费用　　D.管理费用

3.“短期借款”账户应该按照（　）设置明细账。

A.贷款银行　　B.借款种类

C.借款时间　　D.借款币种

4.下列各项费用中，属于产品销售过程中发生的费用有（　）。

A.广告费　　B.为制造产品发生的人工费

C.展览费　　D.销售产品的运输费

5.下列各项费用中，属于生产过程中发生的费用有（　）。

A.车间机器设备折旧费　　B.材料采购费用

C.生产工人工资　　D.产品广告费

6.下列各项税费中，可以记入“税金及附加”的项目有（　）。

A.增值税　　B.消费税

C.教育费附加　　D.城市维护建设税

7.下列各项费用中，不应计入管理费用的有（　）。

A.车间管理人员工资　　B.厂部管理人员工资

C.生产工人工资　　D.专设销售机构人员工资

8.下列各项费用中，属于制造费用的有（　）。

A.车间机器设备折旧费　　B.车间管理人员工资福利费等

C.生产工人工资福利费等　　D.车间一般耗用的水电费

9.下列各项收入中，属于其他业务收入的有（　）。

A.出租包装物收入　　B.材料销售收入

C.提供运输劳务收入　　D.出售固定资产净收益

10.企业按月计提固定资产折旧时，应按固定资产使用地点的不同借记相关账户。下列项目中可能借记的账户有（　）。

A.管理费用　　B.制造费用

C.销售费用　　D.其他业务成本

11.下列各项费用中，应计入产品成本的有（　）。

A.生产工人的工资　　B.行政管理部门固定资产折旧费

C.车间耗用的水电费　　D.车间固定资产的折旧费

12.下列各项费用中，属于营业外支出的有（　）。

A.固定资产毁损报废损失　　B.罚没支出

C.借款利息支出　　D.捐赠支出

13.下列各个科目的余额，期末应结转到“本年利润”账户的有（　）。

A.营业外收入　　B.营业外支出

C.投资收益　　D.制造费用

14.在会计期末结账后，余额一般为零的账户有（　）。

A.制造费用　　B.管理费用

C.财务费用　　D.生产成本

15.下列各个项目中，影响企业利润总额计算的因素有（　）。

A.所得税费用　　　　　　　　　　B.营业外支出

C.主营业务成本　　　　　　　　　D.管理费用

四、判断题

1.“在途物资”账户是用来核算和监督企业外购材料的买价和采购费用，并据以计算采购成本的账户，期末一定没有余额。（　）

2.“应交税费”账户是负债类账户，期末余额一定在贷方，反映企业尚未缴纳的各种税费。（　）

3.管理费用、制造费用、直接人工和直接材料构成产品的生产成本。（　）

4.制造企业的产品销售成本是企业已销产品的实际生产成本。（　）

5.在月末没有在产品的情况下，生产成本明细账内归集的费用总额，就是完工产品成本。（　）

6.企业营业利润是营业收入扣除营业成本、税金及附加、管理费用和财务费用后的差额。（　）

7.本期实现的净利润是根据“本年利润”账户贷方发生额和借方发生额相减计算的。（　）

8.当期发生的销售费用与制造费用的区别在于，前者一定影响当期损益，而后者不一定影响当期损益。（　）。

9.投资净收益属于企业的营业利润。（　）

10.计提车间固定资产折旧的会计分录是“借记：累计折旧，贷记：制造费用”。（　）

11.企业上缴所得税时，会计分录是“借记：所得税费用，贷记：银行存款”。（　）

12.所得税费用的余额期末时应转入“利润分配”账户。（　）

13.企业当期支出在数量上等于当期费用。（　）

14.某企业生产成本账户的期初余额为43 200元，本月借方发生额为16 800元，贷方发生额为35 000元，则期末余额为借方25 000元。（　）

15.根据我国《公司法》的规定，法定盈余公积累计额达到注册资本的30%以后，可以不再提取。（　）

五、业务题

（一）练习筹资活动的核算

假设金麓公司202×年发生了以下筹资业务，请编制相应的会计分录。

（1）3月20日，该公司注册成立，永久公司投入货币资金300 000元并存入银行；恒心公司投入一台全新设备和一项专利权，评估价值分别为150 000元和50 000元。

（2）6月24日，收到三元公司投入一批原材料，评估价值为350 000元，同时确认三元公司在金麓公司注册资本中享有资本份额为300 000元。

（3）7月1日，向银行借入期限为3个月的短期借款500 000元；借款协议注明年利率为6%，到期利息和本金一起支付，款项已存入银行。

（4）7—8月每月末，确认上述短期借款的应付利息。

（5）9月30日，该笔短期借款到期，偿还本金500 000元，支付利息7 500元。

（二）练习生产准备过程的核算

假设金麓公司202×年发生了以下机器设备、原材料的采购业务，请编制相应会计分录。

（1）4月20日，购进一台机器设备，取得的增值税专用发票上注明的价款为200 000元，增值税税额为26 000元；从物流公司取得的专用发票上注明的运输费用为3 000元，增值税税额为270元。所有款项均以银行存款支付，该机器设备经验收合格后直接投入使用。

（2）5月10日，购入一台需要安装的设备，取得的增值税专用发票上注明的价款为250 000元，增值税税额为32 500元；从物流公司取得的专用发票上注明的运输费用为15 000元，增值税税额为1 350元。所有款项均以银行存款支付，该机器设备已运回，经检验合格。

（3）5月12日，购入的机器设备投入安装，以现金支付上述机器设备安装工人工资3 000元，设备安装调试中使用各种材料价值2 500元。

（4）5月25日，上述机器设备安装完毕交付使用。

（5）6月2日，从永发公司购入A材料100千克，每千克200元，B材料50千克，每千克100元，取得的增值税专用发票上注明的价款为25 000元，增值税税额为3 250元，所有款项均以银行存款支付，材料尚未验收入库。

（6）6月4日，从物流公司取得的增值税专用发票注明上述A、B材料的运输费为1 200元，增值税税额为108元，所有款项以银行存款支付；运输费按购入A、B材料的重量比例分配。

（7）6月5日，办理上述A、B材料的验收入库手续，结转其采购成本。

（8）6月8日，向永星公司购进C材料1 000千克，每千克20元，取得的增值税专用发票上注明的价款为20 000元，增值税税额为2 600元，开具期限为3个月、面值为22 600元的商业汇票交给永星公司。

（9）6月10日，从永星公司购买的C材料运到，办理入库手续，结转其采购成本。

（10）6月15日，以银行存款预付给金波公司购买B材料货款60 000元。

（11）6月24日，预付给金波公司货款的B材料发货，B材料数量为500千克，每千克100元，取得的增值税专用发票上注明的价款为50 000元，增值税税额为6 500元。

（12）6月25日，从金波公司购买的B材料运到，办理入库手续，结转其采购成本。

（13）9月8日，应付永星公司的22 600元商业汇票到期，用银行存款兑付。

（三）练习生产过程的核算

假设金麓公司202×年6月初投产甲和乙两种产品，6月份生产两种产品发生了如下费用，月底两种产品全部生产完工并验收入库，请编制相应的会计分录。

（1）材料仓库汇总本月发出的原材料，其中生产甲产品领料48 000元，生产乙产品领料20 000元，车间一般性消耗领料5 200元，行政管理部门领料6 800元，合计80 000元。

（2）根据考勤和产量记录计算分配本月工资，其中甲产品生产工人工资24 000元，乙产品生产工人工资16 000元，车间管理人员工资5 000元，工厂行政管理人员工资8 400元，本月应付职工工资合计53 400元。

(3) 计提本月各部门职工的社会保险费和住房公积金，其中计提基数为各部门职工的应付工资，计提比例为养老保险16%、医疗保险8%、失业保险0.7%、工伤保险1%、住房公积金10%。

(4) 计提本月各部门职工的福利费、工会经费和职工教育经费，其中计提基数为各部门职工的应付工资，计提比例为福利费5%、工会经费2%、职工教育经费8%。

(5) 从本月各部门职工的应付工资中扣除社会保险费、住房公积金、个人所得税等代扣代缴项目，其中养老保险、医疗保险、失业保险、住房公积金分别按应付工资的8%、2%、0.9%、10%代扣代缴，按个人所得税法规定计算出本月各部门职工应交个人所得税2 670元。

(6) 以银行存款发放本月各部门职工的实发工资39 569.4元。

(7) 计提本月固定资产折旧9 500元，其中生产车间固定资产应计提折旧6 700元，工厂行政管理部门固定资产应计提折旧2 800元。

（8）摊销应由本月负担的生产车间租金4 000元，相关税费忽略不计（假设该生产车间的租金前年已经预付，并作为一项资产记为“长期待摊费用”）。

（9）以银行存款支付本月应负担的财产保险费4 265元，其中生产车间2 965元，工厂行政管理部门1 300元，相关税费忽略不计。

（10）收到供电局寄来本月电费的增值税专用发票，注明本月的电费6 000元，增值税税额780元，其中甲产品生产用电3 200元，乙产品生产用电1 700元，生产车间一般消耗用电600元，工厂行政管理部门用电500元，电费尚未支付。

（11）汇总本月生产车间发生的制造费用，并按甲、乙两种产品的生产工时比例分配本月的制造费用，其中甲产品生产工时360小时，乙产品生产工时240小时。

（12）投产的甲产品4 000件、乙产品500件已全部完工，经检验合格将其验收入库，结转完工入库产品制造成本。

（四）练习销售业务及财务成果核算

假设金麓公司202×年12月发生了如下经济业务，请编制相应的会计分录。

（1）4日，销售给永发公司甲产品1 000件，每件售价500元，乙产品200件，每件售价160元，货款为532 000元，增值税税额为69 160，价税款均已收存银行。

（2）6日，以20元/股的价格购买了某上市公司的股票25 000股作为交易性金融资产持有，投资款为500 000元，并支付佣金和税费1 200元，所有款项以银行存款支付。

（3）16日，开出转账支票，支付本月的广告费3 200元、增值税税额192元。

（4）16日，销售给永达公司甲产品400件，每件售价500元，货款为200 000元，增值税税额为26 000元，价税款尚未收到。

（5）17日，将持有的25 000股某上市公司股票以26元/股的价格全部出售，取得价款

650 000元，支付佣金和手续费用2 000元，相关款项收存银行。

（6）18日，向永星公司出售原材料，货款20 000元，增值税税额为2 600元，价税款均已收存银行。

（7）19日，开出转账支票支付行政管理部门的办公费9 200元，相关税费忽略不计。

（8）20日，收到星海公司违反合同的违约金5 000元，存入银行。

（9）21日，以银行存款向某遭受洪灾地区捐赠救济金24 000元。

（10）24日，公司持有的国债结算利息，收到国债利息20 000元存入银行。

（11）27日，某项非专利技术已被其他技术替代，决定将其做报废处理，原账面余额150 000元，已摊销120 000元，未计提减值准备。

（12）31日，结转本月已售产品的成本，本月销售甲产品1 400件，单位成本240元/件，销售乙产品200件，单位成本110元/件。

（13）31日，结转向永星公司出售原材料的成本12 000元。

（14）31日，通过银行结算本季度短期借款利息36 000元，其中10月、11月已计提应付利息24 000元，本月应负担的利息为12 000元。

（15）31日，确认本月应税消费品应缴纳的消费税10 000元以及城市维护建设税700元、教育费附加300元，相关税费尚未缴纳。

（16）31日，将各损益类账户本月发生额结转至“本年利润”账户。

（17）31日，计算并确认本年应缴纳的企业所得税（税率25%），假设该公司12月初“本年利润”账户贷方余额为1 560 000元，且1—11月不存在所得税纳税调整事项；将所得税费用转入“本年利润”账户。

（18）31日，将“本年利润”账户的余额结转至“利润分配”账户。

（19）31日，按本年税后利润的10%提取盈余公积。

（20）从税后利润中分配给投资者利润500 000元，拟定于明年3月31日前支付。

（五）练习损益结转与利润计算

假设金麓公司适应的所得税税率为25%，202×年有关账户发生额见表5-1，其中投资收益包括国债利息收入40 000元。请根据资料计算该公司202×年的营业利润、利润总额、所得税费用和净利润，并编制相关的会计分录。

表5-1　**有关账户发生额**　单位：元

账户名称	借方发生额	贷方发生额
主营业务收入		1 500 000
其他业务收入		50 000
投资收益		80 000
营业外收入		5 000
主营业务成本	650 000	
其他业务成本	35 000	
生产成本	300 000	
制造费用	110 000	
税金及附加	22 000	
销售费用	150 000	
管理费用	120 000	
财务费用	90 000	
营业外支出	8 000	

（1）营业利润、利润总额、所得税费用和净利润的计算。

营业利润=

利润总额=

所得税费用=

净利润=

（2）将损益类账户当年的发生额转入“本年利润”账户。

（3）确认所得税费用，并将所得税费用结转至“本年利润”账户。

（4）将本年的净利润转入“利润分配”账户。

（5）按本年税后净利润的10%提取盈余公积；向投资者分配利润200 000元，拟定于明年3月31日前支付。

本章参考答案

第六章

账户的分类

一、填空题

1. 账户按经济内容分为______、______、______、______、______五类。

2. 基本账户可分为______、______、______和______四类。

3. 调整账户按调整方式分为______、______和______三种。

4. 按结算的性质，结算账户可以分为______、______和______三种。

5. “累计折旧”账户是______的备抵账户。

6. 盘存账户的余额应该在______，如果出现______余额，则表示财产物资或货币资产在收发保管或账务处理上出现错误。

二、单项选择题

1.账户按用途结构分类，“原材料”“库存商品”属于（　　）。

A.损益计算账户　　B.盘存账户

C.跨期摊配账户　　D.所有者权益账户

2.下列账户中，属于集合分配账户的是（　　）。

A.管理费用　　B.长期待摊费用

C.生产成本　　D.制造费用

3.按用途结构分类，“预收账款”属于（　　）。

A.跨期摊配账户　　B.结算资产账户

C.结算负债账户　　D.投资权益账户

4.按经济内容分类，“预付账款”属于（　　）。

A.资产类账户　　B.负债类账户

C.结算资产账户　　D.调整账户

5.按经济内容分类，“税金及附加”属于（　　）。

A.负债类账户　　B.收入类账户

C.成本计算类账户　　D.费用类账户

6.“材料成本差异”账户是用来抵减附加（　　）的。

A.“原材料”账户　　B.“材料采购”账户

C.“生产成本”账户　　D.“在途物资”账户

7.企业不单独设置“预付账款”账户时，对于预付款业务可在（　　）。

A.“应收账款”账户反映　　B.“应付账款”账户反映

C.“预收账款”账户反映　　D.“其他往来”账户反映

8.调整账户和被调整账户余额的方向相反时，属于（　　）。

A.抵减账户　　B.附加账户

C.结算账户　　D.集合分配账户

9.“材料成本差异”按用途结构分类，属于（　　）。

A.抵减账户　　B.附加账户

C.抵减附加账户　　D.双重性质账户

10.某企业202×年12月初“本年利润”账户有贷方余额30 000元，当月贷方发生额40 000元，借方发生额28 000元，则该企业12月的净利润为（ ）。

A.30 000元 B.12 000元

C.42 000元 D.18 000元

11.下列账户中，年度结账后账户无余额的是（ ）。

A.固定资产 B.利润分配

C.实收资本 D.本年利润

12.按经济内容分类，“长期待摊费用”属于（ ）。

A.资产类账户 B.投资权益类账户

C.负债类账户 D.成本类账户

13.按用途和结构分类，“材料采购”属于（ ）。

A.盘存账户 B.成本计算账户

C.结算账户 D.集合分配账户

14.债权债务结算账户的贷方登记（ ）。

A.债权的增加 B.债务的增加，债权的减少

C.债务的增加 D.债务的减少，债权的增加

15.下列说法中，错误的是（ ）。

A.调整账户与被调整账户反映的经济内容相同

B.调整账户与被调整账户反映的经济内容不一定相同

C.调整账户不能离开被调整账户而独立存在

D.有调整账户就有被调整账户

三、多项选择题

1.账户的分类标志有（ ）。

A.按经济内容分类 B.按用途和结构分类

C.按与会计报表的关系分类 D.按统驭与被统驭关系分类

2.下列账户中，属于债权结算账户的有（ ）。

A.应收账款 B.预收账款

C.应付账款 D.其他应收款

3.下列账户中，属于盘存账户的有（ ）。

A.生产成本 B.库存现金

C.实收资本 D.工程物资

4.下列账户中，属于债务结算账户的有（ ）。

A.应收账款 B.预收账款

C.其他应收款 D.应付账款

5.下列账户中，属于资本及留存收益账户的有（ ）。

A.利润分配 B.盈余公积

C.原材料 D.实收资本

6.下列账户中，属于调整账户的有（ ）。

A.累计折旧 B.材料成本差异

C.坏账准备　　　　　　　　　　　D.利润分配

7.按经济内容、用途和结构分类，“实收资本”账户分别属于（　　）。

A.资产类账户　　　　　　　　　　B.所有者权益类账户

C.资本及留存收益账户　　　　　　D.财务成果计算账户

8.下列账户中，属于损益汇转账户的是（　　）。

A.主营业务收入　　　　　　　　　B.管理费用

C.制造费用　　　　　　　　　　　D.销售费用

9.下列账户中，属于成本计算类账户的有（　　）。

A.制造费用　　　　　　　　　　　B.生产成本

C.材料采购　　　　　　　　　　　D.管理费用

10.下列账户中，属于资产负债表账户的有（　　）。

A.资产类账户　　　　　　　　　　B.负债类账户

C.所有者权益类账户　　　　　　　D.费用类账户

四、判断题

1.调整账户与被调整账户的余额方向相反。（　　）

2.抵减调整账户与被调整账户的余额方向相反。（　　）

3.“盈余公积”与“资本公积”按经济内容分类均属于所有者权益类账户。（　　）

4.“累计折旧”账户是“固定资产”账户的附加调整账户。（　　）

5.按经济内容分类，“本年利润”账户属于所有者权益类账户。（　　）

6.“管理费用”和“制造费用”账户按经济内容分类属于损益计算账户。（　　）

7.“生产成本”账户在月末有余额的情况下，既属于成本计算账户，又属于盘存账户。（　　）

8.“待处理财产损溢”账户既可以反映财产的盘亏，又可以反映财产的盘盈，余额既可能在借方，也可能在贷方，所以属于双重性质账户。（　　）

9.损益计算账户在期末结转后一般无余额。（　　）

10.所有明细分类账户应与其所属的总分类账户余额方向相同。（　　）

五、业务题

（一）熟悉债权债务结算账户

假设金麓公司在材料采购核算中设置了“应付账款”和“预付账款”两个账户，202×年6月份“应付账款”和“预付账款”账户及其所属明细分类账户的期初余额见“T”形账户。

该公司6月份发生的经济业务如下所示，请编制本月业务的会计分录，并登记“应付账款”和“预付账款”总账账户及其所属明细分类账户。

（1）收到湘江公司发来的材料，增值税专用发票上注明的材料价款为50 000元，增值税税额为6 500元，材料验收入库，款项上个月已经预付42 000元，差额部分暂欠未付。

（2）以银行存款20 000元偿还所欠海天公司的货款。

（3）从金海公司购买材料，收到的增值税专用发票上注明的材料价款为15 000元，增值税税额为1 950元，款项尚未支付，材料未验收入库。

（4）收到江华公司发来的材料，增值税专用发票上注明的材料价款为10 000元，增值税进项税额1 300元，材料验收入库，款项从上个月预付的款项中抵扣。

应付账款

	期初余额：76 000
本期发生额：	本期发生额：

预付账款

期初余额：59 000	
本期发生额：	本期发生额：

应付账款——海天公司

	期初余额：30 000
本期发生额：	本期发生额：

应付账款——金海公司

	期初余额：46 000
本期发生额：	本期发生额：

预付账款——湘江公司	
期初余额：42 000	
本期发生额：	本期发生额：

预付账款——江华公司	
期初余额：17 000	
本期发生额：	本期发生额：

（二）熟悉账户按经济内容和用途结构分类

请将下列账户按经济内容和用途结构进行分类，填入表6-1中相应的位置。

账户名称：应收账款、应付账款、短期借款、制造费用、银行存款、应付票据、预付账款、长期待摊费用、本年利润、实收资本、财务费用、管理费用、库存现金、生产成本、累计折旧、盈余公积、库存商品、利润分配、应交税费、固定资产、主营业务收入、主营业务成本、其他业务成本。

表6-1 账户分类

	资产类账户	负债类账户	所有者权益类账户	成本类账户	损益类账户
盘存账户					
结算账户					
跨期摊配账户					
资本账户					
调整账户					
集合分配账户					
成本计算账户					
配比账户					
损益计算账户					

本章参考答案

第七章

会计凭证

一、填空题

1. 会计凭证是记录________，明确________并据以登记的书面证明。

2. 会计凭证按其用途和填制程序的不同，可以分为________和________两类。

3. 原始凭证按来源不同，可分为________和________。

4. 原始凭证按用途不同，可分为________、________和________。

5. 在一张凭证上连续记载一定时期内重复发生的若干经济业务，需要分次完成填制的自制原始凭证，称为________。

6. 记账凭证按使用范围不同分为________和________。

7. 原始凭证是编制________的依据，记账凭证是登记________的直接依据。

8. 在实际工作中，对于库存现金和银行存款之间的划转业务，为避免重复记账，对于该类业务一般只编制________。

二、单项选择题

1.会计工作的起点和关键是（　　）。

A.填制和审核会计凭证　　B.编制会计分录

C.登记账簿　　D.编制会计报表

2.购货发票属于（　　）。

A.自制原始凭证　　B.外来原始凭证

C.收款凭证　　D.付款凭证

3.限额领料单属于（　　）。

A.汇总原始凭证　　B.原始凭证汇总表

C.累计原始凭证　　D.一次原始凭证

4.原始凭证按填制单位的不同分类，可以分为（　　）。

A.一次凭证和累计凭证　　B.单式凭证和复式凭证

C.自制凭证和外来凭证　　D.通知凭证和执行凭证

5.下列各项中，不属于原始凭证基本内容的是（　　）。

A.填制日期　　B.经济业务内容

C.应借应贷会计科目　　D.相关责任人签章

6.下列各项中，属于自制原始凭证的是（　　）。

A.购入材料的发票　　B.购买办公用品的发票

C.差旅费报销单　　D.运输单位填制的运杂费收据

7.记账凭证是根据（　　）填制的。

A.经济业务　　B.原始凭证

C.审核无误的原始凭证　　D.账簿记录

8.如一张原始凭证所列支出需要几个单位共同负担的，应当（　　）。

A.原始凭证留在本单位，复印件给有关单位

B.将有关单位负担的部分，开给对方“原始凭证分割单”

C.原始凭证给有关单位，本单位以复印件入账

D.另开给对方收据

9.下列各项中，不属于原始凭证审核内容的是（ ）。

A.原始凭证是否真实　　B.原始凭证的合法、合理性

C.会计科目的正确性　　D.原始凭证是否完整、正确

10.原始凭证金额出现错误，正确的更正方法是（ ）。

A.由出具单位更正，并在更正处盖章

B.由取得单位更正，并在更正处盖章

C.由出具单位重开

D.由出具单位另开证明，作为原始凭证的附件

11.生产产品领用原材料，根据领料单编制（ ）。

A.收款凭证　　B.付款凭证

C.转账凭证　　D.单式凭证

12.库存现金和银行存款之间的划转业务，编制的专用记账凭证是（ ）。

A.收款凭证　　B.付款凭证

C.转账凭证　　D.银行存款收款凭证

13.下列项目中，不属于记账凭证应具备的基本内容的是（ ）。

A.交易或事项涉及的应借应贷会计科目

B.会计交易或事项的内容摘要

C.填制和接收凭证单位名称

D.制单人员签章

14.会计分录在会计实际工作中是填写在（ ）上。

A.记账凭证　　B.原始凭证

C.会计账户　　D.会计账簿

15.会计凭证的传递是指（ ），在有关部门和人员之间按规定的时间、路径办理业务手续和进行处理的过程。

A.会计凭证从取得或填制原始凭证起到编制记账凭证时止

B.会计凭证从取得到登记账簿时止

C.会计凭证从填制到编制会计报表时止

D.会计凭证从取得或填制到归档时止

三、多项选择题

1.下列凭证中，能证明经济业务发生并据以编制记账凭证的有（ ）。

A.供应单位开的发票　　B.购销合同

C.工资计算表　　D.领料单

2.“制造费用分配表”属于（ ）。

A.自制凭证　　B.外来凭证

C.计算凭证　　D.执行凭证

3.下列原始凭证中，属于一次凭证的有（ ）。

A.收料单　　B.发票
C.发料汇总表　　D.付款通知书
4.下列各项中，属于自制原始凭证的是（　　）。
A.入库单　　B.销售发票
C.购货发票　　D.产品成本计算表
5.原始凭证的格式和内容多种多样，但为了能够客观反映经济业务的发生和完成情况，原始凭证一般都应具备（　　）。
A.名称、接受原始凭证的单位或个人的名称
B.填制单位名称和有关人员签章
C.填制日期和编号
D.经济业务内容摘要以及所涉及的数量、单价和金额
6.下列凭证中，属于汇总凭证的有（　　）。
A.限额领料单　　B.发料凭证汇总表
C.工资结算汇总表　　D.差旅费报销单
7.下列有关原始凭证的做法中，正确的有（　　）。
A.原始凭证要用蓝黑墨水笔书写
B.对自制原始凭证加盖本单位公章
C.对各种经济合同等重要的原始凭证不附在记账凭证后，单独保管
D.大写金额数字到元或角为止的，必须写“整”或“正”字
8.记账凭证必须具备的基本内容包括（　　）。
A.记账凭证的名称、填制日期及凭证编号
B.经济业务内容摘要
C.应借应贷的账户名称、方向和金额
D.过账标记、所附原始凭证张数以及相关人员签章
9.涉及现金与银行存款之间的收付款业务应编制的记账凭证有（　　）。
A.现金收款凭证　　B.现金付款凭证
C.银行存款收款凭证　　D.银行存款付款凭证
10.下列业务中，应填制转账凭证的是（　　）。
A.销售商品款项尚未收到　　B.从银行提取现金
C.以现金支付运杂费　　D.结转本月完工入库产品成本
11.记账凭证按填制方法不同分为（　　）。
A.专用记账凭证　　B.通用记账凭证
C.单式记账凭证　　D.复式记账凭证
12.专用记账凭证可分为（　　）三类。
A.收款凭证　　B.付款凭证
C.转账凭证　　D.通用记账凭证
13.下列各项中，属于复式记账凭证的是（　　）。
A.收款凭证　　B.付款凭证
C.转账凭证　　D.通用记账凭证

14.记账凭证的审核包括（　　）。

A.对所附原始凭证进行复核

B.记账凭证所记载内容是否与所附原始凭证相符

C.记账凭证所使用的会计科目是否准确

D.记账凭证上相关项目是否填列齐全

15.下列各项中，属于会计凭证保管要求的是（　　）。

A.定期整理归类，装订成册　　B.编造清册，归档保管

C.妥善保管，控制借阅　　D.保管期满，酌情处理

四、判断题

1.原始凭证记录的是经济信息，而会计凭证记录的是会计信息。（　　）

2.转账凭证是用来登记不涉及货币资金增减业务的记账凭证。（　　）

3.自制原始凭证都是一次凭证。（　　）

4.在一张凭证上连续记载一定时期内重复发生的若干相同经济业务，需分次完成填制的原始凭证，在会计上称为累计凭证。（　　）

5.对于遗失的原始凭证而又无法取得证明的，如火车票等，可由当事人写出详细情况，由经办单位负责人批准后，也可代作原始凭证。（　　）

6.原始凭证是会计资料中具有法律效力的一种证明文件。（　　）

7.一式几联的发票或收据，必须套写，并连续编号，作废时应加盖“作废”戳记，连同存根一起保存，不得撕毁，联次不能短缺。（　　）

8.根据原始凭证编制记账凭证，因此所有的记账凭证必须附有原始凭证。（　　）

9.原始凭证对于经济业务的发生和完成具有证明效力，未来交易或事项的文件不能作为记账的依据。（　　）

10.对于金额正确但其他内容错误的原始凭证，可由出具单位更正，并在更正处加盖出具单位的印章。（　　）

11.实行会计电算化的单位，在打印出来的机制记账凭证上，应同时打印制单人员、审核人员、记账人员和会计主管人员的印章或签字。（　　）

12.即使对于支票等重要的原始凭证，一旦发现错误，也可进行涂改。（　　）

13.收款凭证贷方科目只能填写“库存现金”或“银行存款”。（　　）

14.企业将现金存入银行或从银行提取现金，不仅要编制付款凭证，还应编制收款凭证。（　　）

15.记账凭证无论采用哪种编号方法，都应按月顺序编号，即每月都从1号编起，顺序编至月末。（　　）

五、业务题

（一）练习专用记账凭证填制

假设金麓公司202×年7月发生的部分经济业务如下，请根据发生的经济业务填制收款凭证、付款凭证和转账凭证（见表7-1至表7-12）。

（1）5日，行政管理部门职工刘红预支差旅费1 800元，以现金支付（原始凭证：借款单）。

表 7-1　　　　　　　　　　　　　　**付 款 凭 证**

贷方科目：　　　　　　　　　　　　年　月　日　　　　　　　　　　　　字　号

摘要	借方科目		金额									记账
	总账科目	二级或明细科目	百	十	万	千	百	十	元	角	分	
合　计												

附单据　张

会计主管：　　　　记账：　　　　出纳：　　　　复核：　　　　制单：

（2）8日，向城北工厂采购材料一批，增值税专用发票注明价款50 000元，增值税税额6 500元，已验收入库，货款尚未支付（原始凭证：增值税专用发票发票联、材料入库单）。

表 7-2　　　　　　　　　　　　　　**转 账 凭 证**

年　月　日　　　　　　　　　　　　字　号

摘要	总账科目	明细科目	借方金额									贷方金额									记账
			百	十	万	千	百	十	元	角	分	百	十	万	千	百	十	元	角	分	
合　计																					

附单据　张

会计主管：　　　　记账：　　　　复核：　　　　制单：

（3）15日，签发转账支票一张，支付办公室采购办公用品费用5 000元，相关税费忽略不计（原始凭证：转账支票存根、办公用品发票）。

表 7-3　　　　　　　　　　　　　　**付 款 凭 证**

贷方科目：　　　　　　　　　　　　年　月　日　　　　　　　　　　　　字　号

摘要	借方科目		金额									记账
	总账科目	二级或明细科目	百	十	万	千	百	十	元	角	分	
合　计												

附单据　张

会计主管：　　　　记账：　　　　出纳：　　　　复核：　　　　制单：

（4）17日，收到振兴公司支付前欠货款48 000元，存入银行（原始凭证：银行进账单）。

表7-4

收款凭证

借方科目：　　　　　　　　年　月　日　　　　　　　　字　号

摘要	贷方科目		金额									记账
	总账科目	二级或明细科目	百	十	万	千	百	十	元	角	分	
合　计												

附单据　张

会计主管：　　　记账：　　　出纳：　　　复核：　　　制单：

（5）21日，销售甲产品一批，增值税专用发票上注明价款10 000元，增值税税额1 300元，价税款已通过银行收妥（原始凭证：增值税专用发票记账联、银行进账单）。

表7-5

收款凭证

借方科目：　　　　　　　　年　月　日　　　　　　　　字　号

摘要	贷方科目		金额									记账
	总账科目	二级或明细科目	百	十	万	千	百	十	元	角	分	
合　计												

附单据　张

会计主管：　　　记账：　　　出纳：　　　复核：　　　制单：

（6）24日，行政管理部门职工刘红出差归来报销差旅费1 500元，相关税费忽略不计（原始凭证：车票、餐费发票、住宿费发票）。

表7-6

转账凭证

年　月　日　　　　　　　　字　号

摘要	总账科目	明细科目	借方金额									贷方金额									记账
			百	十	万	千	百	十	元	角	分	百	十	万	千	百	十	元	角	分	
合　计																					

附单据　张

会计主管：　　　记账：　　　复核：　　　制单：

（7）24日，行政管理部门职工刘红报销差旅费后，以现金退回预支差旅费的余款300元（原始凭证：收据记账联）。

表7-7 **收款凭证**

借方科目： 年 月 日 字 号

摘要	贷方科目		金额									记账
	总账科目	二级或明细科目	百	十	万	千	百	十	元	角	分	
合计												

附单据 张

会计主管： 记账： 出纳： 复核： 制单：

（8）25日，从银行提取现金10 000元（原始凭证：现金支票存根）。

表7-8 **付款凭证**

贷方科目： 年 月 日 字 号

摘要	借方科目		金额									记账
	总账科目	二级或明细科目	百	十	万	千	百	十	元	角	分	
合计												

附单据 张

会计主管： 记账： 出纳： 复核： 制单：

（9）25日，以现金发放职工工资10 000元（原始凭证：工资发放表）。

表7-9 **付款凭证**

贷方科目： 年 月 日 字 号

摘要	借方科目		金额									记账
	总账科目	二级或明细科目	百	十	万	千	百	十	元	角	分	
合计												

附单据 张

会计主管： 记账： 出纳： 复核： 制单：

（10）26日，预收金岳公司货款10 000元，存入银行（原始凭证：银行进账单）。

表7-10

收款凭证

借方科目：　　　　　　　　　　年　月　日　　　　　　　　　　字　号

摘要	贷方科目		金额									记账
	总账科目	二级或明细科目	百	十	万	千	百	十	元	角	分	
合　计												

附单据　张

会计主管：　　　记账：　　　出纳：　　　复核：　　　制单：

（11）31日，用银行存款支付电费，其中生产车间生产甲产品用电2 500元，生产乙产品用电1 600元，车间一般性耗电800元，行政部门耗电600元，增值税专用发票注明的增值税税额715元。（原始凭证：增值税专用发票发票联、银行结算单）。

表7-11

付款凭证

贷方科目：　　　　　　　　　　年　月　日　　　　　　　　　　字　号

摘要	借方科目		金额									记账
	总账科目	二级或明细科目	百	十	万	千	百	十	元	角	分	
合　计												

附单据　张

会计主管：　　　记账：　　　出纳：　　　复核：　　　制单：

（12）31日，结转完工产品成本，其中完工甲产品成本4 600元，完工乙产品成本3 400元（原始凭证：完工产品入库单）。

表7-12

转账凭证

年　月　日　　　　　　　　　　字　号

摘要	总账科目	明细科目	借方金额									贷方金额									记账
			百	十	万	千	百	十	元	角	分	百	十	万	千	百	十	元	角	分	
合　计																					

附单据　张

会计主管：　　　记账：　　　复核：　　　制单：

（二）练习通用记账凭证填制

假设金麓公司202×年8月份发生的部分经济业务如下，请根据发生的经济业务编制通用记账凭证（见表7-13至表7-22）。

（1）1日，向湘江公司销售甲产品1 000件，每件80元，增值税税率13%，价税款已通过银行收妥（原始凭证：增值税专用发票记账联、银行进账单）。

表7-13

记 账 凭 证

年　月　日　　　　　　第　号

摘要	总账科目	明细科目	借方金额									贷方金额									记账
			百	十	万	千	百	十	元	角	分	百	十	万	千	百	十	元	角	分	
合　计																					

附单据　张

会计主管：　　记账：　　出纳：　　复核：　　制单：

（2）3日，从嘉盛公司采购A材料500千克，单价60元/千克，增值税税率13%，材料尚未入库，价税款未支付（原始凭证：增值税专用发票发票联）。

表7-14

记 账 凭 证

年　月　日　　　　　　第　号

摘要	总账科目	明细科目	借方金额									贷方金额									记账
			百	十	万	千	百	十	元	角	分	百	十	万	千	百	十	元	角	分	
合　计																					

附单据　张

会计主管：　　记账：　　出纳：　　复核：　　制单：

（3）5日，上述A材料运到，验收入库（原始凭证：材料入库单）。

表7-15

记 账 凭 证

年　月　日　　　　　　第　号

摘要	总账科目	明细科目	借方金额									贷方金额									记账
			百	十	万	千	百	十	元	角	分	百	十	万	千	百	十	元	角	分	
合　计																					

附单据　张

会计主管：　　记账：　　出纳：　　复核：　　制单：

（4）15日，通过银行支付前欠嘉盛公司价税款33 900元（原始凭证：转账支票存根）。

表7-16

记账凭证

年　月　日　　　　　　　　　　第　号

摘要	总账科目	明细科目	借方金额									贷方金额									记账
			百	十	万	千	百	十	元	角	分	百	十	万	千	百	十	元	角	分	
合　计																					

附单据　张

会计主管：　　记账：　　出纳：　　复核：　　制单：

（5）18日，行政部职工张丽借支现金2 000元，以备购买办公用品（原始凭证：借款单）。

表7-17

记账凭证

年　月　日　　　　　　　　　　第　号

摘要	总账科目	明细科目	借方金额									贷方金额									记账
			百	十	万	千	百	十	元	角	分	百	十	万	千	百	十	元	角	分	
合　计																					

附单据　张

会计主管：　　记账：　　出纳：　　复核：　　制单：

（6）28日，张丽报销采购办公用品费用2 200元，补付其现金200元，相关税费忽略不计（原始凭证：办公用品发票）。

表7-18

记账凭证

年　月　日　　　　　　　　　　第　号

摘要	总账科目	明细科目	借方金额									贷方金额									记账
			百	十	万	千	百	十	元	角	分	百	十	万	千	百	十	元	角	分	
合　计																					

附单据　张

会计主管：　　记账：　　出纳：　　复核：　　制单：

（7）31日，计提本月固定资产折旧5 400元，其中车间固定资产应计提折旧3 200元，管理部门固定资产应计提折旧2 200元（原始凭证：固定资产折旧计算表）。

表7-19

记账凭证

年 月 日

第 号

摘要	总账科目	明细科目	借方金额									贷方金额									记账
			百	十	万	千	百	十	元	角	分	百	十	万	千	百	十	元	角	分	
合计																					

附单据 张

会计主管： 记账： 出纳： 复核： 制单：

（8）31日，汇总本月A材料耗用情况，生产部门为生产甲产品领用5 000元，生产乙产品领用4000元，车间领用1 500元，行政部门领用500元（原始凭证：A材料领用汇总表）。

表7-20

记账凭证

年 月 日

第 号

摘要	总账科目	明细科目	借方金额									贷方金额									记账
			百	十	万	千	百	十	元	角	分	百	十	万	千	百	十	元	角	分	
合计																					

附单据 张

会计主管： 记账： 出纳： 复核： 制单：

（9）31日，公司投资持有的国债结算利息，收到国债利息30 000元存入银行（原始凭证：银行进账单）。

表7-21

记账凭证

年 月 日

第 号

摘要	总账科目	明细科目	借方金额									贷方金额									记账
			百	十	万	千	百	十	元	角	分	百	十	万	千	百	十	元	角	分	
合计																					

附单据 张

会计主管： 记账： 出纳： 复核： 制单：

（10）31日，结转已售甲产品成本45 000元（原始凭证：产品发货单）。

表7-22

记账凭证

年　月　日　　　　　　　　　　　　　　　　第　号

摘要	总账科目	明细科目	借方金额									贷方金额									记账
			百	十	万	千	百	十	元	角	分	百	十	万	千	百	十	元	角	分	
合　计																					

附单据　张

会计主管：　　　记账：　　　出纳：　　　复核：　　　制单：

本章参考答案

第八章

会计账簿

一、填空题

1.会计账簿按外表形式分类，可以分为________、________、________三种。

2.账簿的基本内容是由__________、__________和__________组成。

3.库存现金日记账通常由________根据审核后的____________和__________逐日逐笔顺序登记。

4.总分类账简称__________，是根据__________科目开设，提供__________核算资料的分类账簿。

5.当发现账簿记录有错误时，一般的查错方法有__________、__________和__________。

6.当确认会计账簿中错账的金额后，可根据错账的数字，结合数字之间的某些规律运用数学知识来查找错误。具体方法有________________、________________、________________。

7.账簿记录发生错误时，应根据错误的情况，按规定的方法进行更正，其方法有________、________和________。

8.结账是在将一定时期内全部经济业务登记入账的基础上，按规定的方法对该期间的账簿记录进行小结，结算出__________和__________，并将余额转入下期或新账的过程。

二、单项选择题

1.序时账簿、分类账簿和备查账簿划分的依据是（　　）。

A.账簿的账页格式不同　　B.账簿的外表形式不同

C.账簿的用途不同　　D.账簿反映内容的详细程度不同

2.下列账簿中，可以采用借方多栏式明细账进行明细分类核算的账户是（　　）。

A.原材料　　B.应收账款

C.管理费用　　D.固定资产

3.按账簿的账页格式，总分类账簿适用于（　　）。

A.横线登记式账簿　　B.数量金额式账簿

C.多栏式账簿　　D.三栏式账簿

4.库存现金和银行存款日记账的账页格式有多种，其中最常见的是（　　）。

A.三栏式　　B.多栏式

C.横线登记式　　D.数量金额式

5.对于从银行取现的业务，登记库存现金日记账的依据是（　　）。

A.现金收款凭证　　B.现金付款凭证

C.银行存款收款凭证　　D.银行存款付款凭证

6.租入固定资产备查登记簿按用途分类属于（　　）。

A.分类账簿　　B.备查账簿

C.特种日记账　　D.普通日记账

7.下列账簿记录的书写方法中，不正确的是（　　）。

A.在不设借贷栏的多栏式账页中用红色墨水笔登记减少数

B.用蓝黑墨水笔书写

C.用红色墨水笔冲销错账

D.用圆珠笔或铅笔书写

8.在记录原材料、库存商品等存货时，采用的明细账格式是（ ）。

A.多栏式明细账 B.三栏式明细账

C.数量金额式明细账 D.横线登记式明细账

9.债权债务明细账通常采用（ ）。

A.多栏式明细账 B.三栏式明细账

C.数量金额式明细账 D.横线登记式明细账

10.费用、成本和收入、利润等明细账通常采用（ ）。

A.多栏式明细账 B.三栏式明细账

C.数量金额式明细账 D.横线登记式明细账

11.会计人员在填制记账凭证时，会计科目正确，但将4 200元误写为2 400元，并已登记账簿，更正时应采用（ ）。

A.划线更正法 B.红字更正法

C.补充登记法 D.以上三者均可

12.下列项目中，库存现金、银行存款日记账的登记处理不正确的是（ ）。

A.均由出纳员负责登记

B.逐日逐笔顺序登记

C.每日结出余额，以便进行核对

D.根据收付款业务的原始凭证登记

13.在月末结账前发现某笔经济业务所填制的记账凭证会计科目用错，并已登记账簿，更正时应采用的错账更正方法最好是（ ）。

A.划线更正法 B.红字更正法

C.补充登记法 D.以上三者均可

14.在月末结账前发现某笔经济业务所填制的记账凭证无误，根据记账凭证登记账簿时，将3 579元误记为5 379元，更正时应采用的错账更正方法最好是（ ）。

A.划线更正法 B.红字更正法

C.补充登记法 D.以上三者均可

15.在月末结账前发现某笔经济业务所填制的记账凭证会计科目正确，但金额多计，并据以登记账簿，应采用（ ）予以更正。

A.划线更正法 B.红字更正法

C.补充登记法 D.以上三者均可

三、多项选择题

1.企业会计实务中，一般采用订本式账簿的有（ ）。

A.总分类账 B.库存现金日记账

C.明细分类账 D.银行存款日记账

2.对账的内容主要包括（ ）。

A.账账核对 B.账实核对

C.账证核对 D.表表核对

3.下列各项中，可作为总分类账登记依据的有（　　）。

A.收付款凭证　　B.转账凭证

C.原始凭证　　D.科目汇总表

4.账簿按账页格式可分为（　　）。

A.多栏式账簿　　B.三栏式账簿

C.数量金额式账簿　　D.横线登记式账簿

5.下列各项中，采用三栏式账页的账簿有（　　）。

A.成本费用类明细账　　B.总分类账

C.库存现金日记账　　D.债权债务类明细账

6.下列日记账中，属于特种日记账的有（　　）。

A.购货日记账　　B.库存现金日记账

C.银行存款日记账　　D.销货日记账

7.可作为库存现金日记账登账依据的有（　　）。

A.库存现金收款凭证　　B.库存现金付款凭证

C.银行存款收款凭证　　D.银行存款付款凭证

8.账簿中可以使用红字登记的有（　　）。

A.注销空行、空页

B.结账划线

C.在余额未设方向标记时，登记负数余额

D.按照红字冲账记账凭证，冲销错误账簿记录

9.下列做法中，符合登记会计账簿要求的是（　　）。

A.登账时，发生跳行，空白处应划红线注销

B.登账后，需在记账凭证上签名或盖章，并标注过账符号

C.结账时，对没有余额的账户在“借或贷”栏标注“平”，并在余额栏内标明“θ”符号

D.每一页登记完毕结转下页时，应在本页最后一行摘要栏中注明“转下页”，结出本页发生额合计数及余额，并将金额转至下页，同时在次页第一行内注明“承前页”

10.下列各类错账中，应采用红字更正法进行更正的有（　　）。

A.记账凭证中会计科目正确，所记金额小于应记金额引起账簿记录错误

B.记账凭证中会计科目正确，所记金额大于应记金额引起账簿记录错误

C.因记账凭证中的会计科目有错误而引起的账簿记录错误

D.记账凭证没有错误，但账簿记录有数字错误

四、判断题

1.在整个账簿体系中，序时账簿及分类账簿是主要账簿，备查账簿是辅助账簿。（　　）

2.采用订本式账簿，既可以避免账页散失和防止抽换账页，又便于记账人员分工记账。（　　）

3.“原材料”账户的明细分类账，应当采用多栏式账页登记。（　　）

4.新的会计年度开始时，必须更换全部账簿，不得只更换总账和库存现金日记账、银行存款日记账。（　　）

5.在年度启用新账时，除了在账簿扉页上附“账簿启用和经管人员一览表”外，还要

把上年度各账户的累计发生额及期末余额转记入新账内。 ( )

6.使用活页账的优点是使用灵活方便，但容易造成账页丢失，平时应对其按实际账页顺序编定号码，并定期装订成册。 ( )

7.账证核对是指账簿记录与相关原始凭证及记账凭证核对。 ( )

8.对需要结计本年累计发生额的账户，结计“过次页”的本页合计数应当为自年初起至本页末止的累计数。 ( )

9.年终结账时，有余额的账户，应将其余额直接记入新账余额栏内，不需要编制记账凭证。 ( )

10.总分类账和明细分类账平行登记的要点可归纳为同时登记、同向登记、等额登记。 ( )

五、业务题

（一）练习三栏式日记账登记

假设金麓公司202×年7月“库存现金”账户的月初余额为2 800元，“银行存款”账户的月初余额为250 000元，结合前面第七章业务题（一）中该公司该年7月所发生经济业务编制的收付款凭证，分别开设三栏式库存现金日记账和银行存款日记账，并将收付款业务登记入账（见表8-1和表8-2）。

表8-1 库存现金日记账

年		凭证		摘要	对方账户	收入	支出	结余
月	日	字	号					

表8-2 银行存款日记账

年		凭证		摘要	对方账户	收入	支出	结余
月	日	字	号					

（二）练习错账更正

假设金麓公司会计人员在结账前进行对账时，查找出一些错账，请指出对下列错账应采用何种更正方法，并予以更正。

（1）用银行存款支付本月采购办公用品的费用8 600元，会计分录为：

借：管理费用　　8 600

　贷：银行存款　　8 600

在过账时，账簿记录为：

管理费用	
6 800	

银行存款	
	8 600

（2）职工出差借支差旅费2 000元，现金支付，编制的会计分录为：

借：管理费用　　2 000

　贷：库存现金　　2 000

在过账时，账簿记录为：

管理费用	
2 000	

库存现金	
	2 000

（3）计提车间生产用固定资产折旧3 500元，编制的会计分录为：

借：制造费用　　35 000

　贷：累计折旧　　35 000

在过账时，账簿记录为：

制造费用	
35 000	

累计折旧	
	35 000

(4) 用现金支付工人工资45 000元，编制的会计分录为：

借：应付职工薪酬　　4 500

　贷：库存现金　　4 500

在过账时，账簿记录为：

应付职工薪酬	
4 500	

库存现金	
	4 500

本章参考答案

第九章

财产清查

一、填空题

1.财产清查按清查范围分为________和________，按清查时间分为________和________，按清查执行单位分为________和________。

2.存货、固定资产和库存现金采用的清查方法是________。

3.货币资金的清查一般包括________和________的清查。

4.银行存款清查的方法是________，即将企业的________和银行的________进行核对，双方不一致的主要原因是存在________。

5.企业对于无法支付的应付账款，经批准后应通过________账户核算。

6.对于未达账项，企业应编制________进行调节。

7.存货的盘盈盘亏在未查明原因前应通过________账户核算。

8.往来账项的清查一般采用________。

二、单项选择题

1.出纳人员对库存现金的清查应做到（　　）。

A.每日至少一次　　B.每月一次

C.每年年底一次　　D.每月两三次

2.存货清查时，当存货盘亏属自然损耗所致，应将损失计入（　　）。

A.管理费用　　B.营业外支出

C.制造费用　　D.财务费用

3.固定资产盘亏属非常损失造成的，其非常净损失计入（　　）。

A.管理费用　　B.营业外收入

C.营业外支出　　D.其他业务成本

4.现金在清查时，发生的短缺属出纳人员责任造成的，应计入（　　）。

A.营业外支出　　B.财务费用

C.管理费用　　D.其他应收款

5.企业月末银行存款的实有余额是（　　）。

A.银行对账单的余额　　B.企业银行存款日记账的余额

C.银行存款余额调节表调节后的余额　　D.以上三个都不对

6."待处理财产损溢"账户按反映的经济业务内容属于（　　）。

A.资产类账户　　B.负债类账户

C.损益类账户　　D.资产负债双重性质账户

7.对提取坏账准备的单位，一旦发生坏账损失，直接冲减（　　）。

A.管理费用　　B.营业外支出

C.坏账准备　　D.销售费用

8.清查中发现的账外固定资产，应计入（　　）。

A.以前年度损益调整　　B.营业外收入

C.管理费用　　D.其他应收款

9.采用实地盘存制，平时账簿记录中不能反映（　　）。

A.财产物资的购进业务　　B.财产物资的减少数额

C.财产物资的增加和减少数额　　D.财产物资的盘盈数额

10.“待处理财产损溢”账户未转销的贷方余额表示（　　）。

A.已处理的财产盘盈数

B.结转已批准的财产盘盈数

C.转销已批准的财产盘亏和盘盈数

D.待处理的财产盘盈数大于待处理的财产盘亏数和毁损数的差额

11.下列各项中，应采用询证核对法进行财产清查的是（　　）。

A.原材料　　B.应付账款

C.实收资本　　D.库存商品

12.单位撤销和合并时，对财产物资进行的清查属于（　　）。

A.全面清查　　B.局部清查

C.定期清查　　D.抽样清查

三、多项选择题

1.财产清查的对象包括（　　）。

A.货币资金　　B.实物财产

C.债权债务　　D.实收资本

2.财产清查中，不定期清查的适用范围是（　　）。

A.更换财产物资保管员　　B.财产物资意外损害

C.年末进行清产核资　　D.单位合并或改变隶属关系

3.财产物资的盘存制度有（　　）。

A.永续盘存制　　B.实地盘点法

C.技术推算法　　D.实地盘存制

4.下列情况中，需对企业全部财产物资进行全面清查的有（　　）。

A.年终编制年度财务报表之前

B.按规定进行清产核资或资产评估

C.发生破产清算撤销合并改制等

D.发生重大经济违法事件

5.实地盘点法一般适用于（　　）。

A.库存现金　　B.固定资产

C.原材料　　D.往来款项

6.企业更换出纳和仓库管理员时进行的财产清查属于（　　）。

A.内部清查　　B.外部清查

C.局部清查　　D.全面清查

7.“待处理财产损溢”账户的借方反映（　　）。

A.待处理的财产盘亏　　B.经批准处理转销的财产盘盈

C.待处理的财产盘盈　　D.经批准处理转销的财产盘亏

8.下列各项中，属于原始凭证的有（　　）。

A.库存现金盘点报告表　　B.账存实存对比表

C.银行存款余额调节表　　D.盘存单

9. 导致企业银行存款日记账和银行对账单不一致的原因有（　）。

A. 双方记账错误

B. 企业已付款入账，银行尚未付款入账

C. 企业已收款入账，银行尚未收款入账

D. 银行已收款入账，企业尚未收款入账

10. 下列说法中，正确的是（　）。

A. 现金应做到日清月结

B. 银行存款日记账应与银行对账单每月至少核对一次

C. 贵重物品至少每月清查一次

D. 各种债权债务每年至少清查一至两次

四、判断题

1. 银行存款余额调节表是企业调整"银行存款"余额的原始凭证。（　）

2. 对于存货清查中的盘盈盘亏应编制"盘存单"，并据以调账。（　）

3. 存货保管过程中发生的自然损耗，应计入管理费用。（　）

4. 企业在往来款项清查中发现的无法支付的应付账款，应计入营业外收入。（　）

5. "待处理财产损溢"账户月末余额可在借方也可在贷方，但年终应无余额。（　）

6. 财产清查中的账存数小于实有数是盘亏，反之称为盘盈。（　）

7. 清查出账实不相符的财产物资，虽未经批准，但需要通过有关会计处理达到账实相符。（　）

8. 财产清查中发现的应由保险公司或有关责任人赔偿的损失，计入其他应收款。（　）

9. 企业每年年末对财产物资进行的清查从时间上属于定期清查，从范围上属于全面清查。（　）

10. 各种财产物资发生盘亏、盘盈和毁损，在报经批准前必须先记入"待处理财产损溢"账户。（　）

11. 未达账项是企业与银行之间因凭证传递时间不同导致企业银行存款日记账和银行对账单之间出现差异。（　）

12. 永续盘存制下，需要对存货资产定期进行财产清查。（　）

五、业务题

（一）练习银行存款余额调节表的编制

1. 假设金麓公司202×年9月30日银行存款日记账余额为198 800元，银行对账单余额为192 700元，经核对发现如下未达账项：

（1）9月25日，企业开出转账支票25 800元，而银行尚未入账。

（2）9月26日，银行代付水电费2 800元，已付款，但企业未收到通知。

（3）9月28日，企业收到一张现金支票42 000元送存银行，但银行未入账。

（4）9月30日，银行收到预收款12 900元，企业尚未收到有关通知。

请填制银行存款余额调节表（见表9-1）。

表 9-1

银行存款余额调节表

202×年9月30日

单位：元

项　目	金　额	项　目	金　额
银行存款日记账余额		银行对账单余额	
加:银行已收企业未收		加:企业已收银行未收	
减:银行已付企业未付		减:企业已付银行未付	
调节后的余额		调节后的余额	

2.假设金麓公司202×年10月31日银行存款日记账余额为234 200元，当月银行存款日记账记录如下：

5日，开出支票＃21301，支付购入的原材料款28 000元。

14日，收到购货方交来转账支票＃02512，金额116 000元，存入银行。

20日，开出转账支票＃31567，支付前欠货款423 000元。

25日，开出转账支票＃31568，支付运费20 000元。

30日，收到购货方交来转账支票＃605，金额23 400元。

银行对账单余额为232 340元，当月银行对账单记录如下：

5日，收到企业开出的支票＃21301，支付原材料款28 000元。

14日，收到转账支票＃02512，金额116 000元。

20日，收到企业开出的转账支票＃31567，支付金额423 000元。

28日，代付水电费35 100元。

31日，结算银行存款利息12 640元。

31日，代收外地汇来货款24 000元，尚未通知企业。

请填制银行存款余额调节表（见表9-2）。

表 9-2

银行存款余额调节表

202×年10月31日

单位：元

项　目	金　额	项　目	金　额
银行存款日记账余额		银行对账单余额	
加:银行已收企业未收		加:企业已收银行未收	
减:银行已付企业未付		减:企业已付银行未付	
调节后的余额		调节后的余额	

（二）练习永续盘存制与实地盘存制

假设金麓公司202×年9月甲产品购进、销售、结存情况见表9-3，该公司发出甲产品成本的计价方法为月末一次加权平均法，请计算相关项目的金额并填入表中。

表9-3　　甲产品购、销、存情况

内容		永续盘存制	实地盘存制
本月销售甲产品情况	8日，销售1 000件，单位售价65元/件； 26日，销售1 200件，单位售价65元/件		
	本月销售收入合计		
本月初库存甲产品400件，单位成本50元/件			
本月购进甲产品情况	5日，购进1 000件，单位成本55元/件； 20日，购进1 600件，单位成本45元/件		
	本月购货成本合计		
本月可供销售甲产品成本合计			
本月销售甲产品成本	永续盘存制下的销售成本		
	实地盘存制下的销售成本		
本月销售毛利（销售收入-销售成本）			
注：实地盘存制下甲产品月末盘点结存798件			

（三）练习实地盘存制下存货成本的确定

假设金麓公司对存货的确定采用实地盘存制。202×年3月20日，一场大火烧毁了该公司全部的存货（商品），现需要估计火灾烧毁存货（商品）的损失金额。经过了解，金麓公司最近一次实地盘点是去年12月31日。结合去年12月份的利润表及其他账簿记录资料，确定有关项目如下：

（1）去年全年的商品销售收入为1 366 500元。

（2）去年年初的存货（商品）成本为246 500元。

（3）去年购入的存货（商品）成本为1 068 500元。

（4）去年12月31日盘点的存货（商品）成本为145 000元。

（5）去年的销售收入中不包括年底已赊销但客户尚未提货的价值50 000元的商品一批，在去年12月31日盘点时未被列作存货。

（6）去年购入的存货（商品）金额中包括去年12月购入的供公司办公用计算机两台，价值26 800元，这两台计算机未包含在去年12月31日盘点的存货成本中。

（7）202×年1月1日至3月20日购入存货（商品）价值325 000元，该期间的商品销售收入428 500元，其中包括去年年末赊销的50 000元。

要求：（1）请计算金麓公司去年的销售毛利率（销售毛利率等于销售毛利除以销售收入，销售毛利为销售收入减去销售成本）。

（2）假设金麓公司202×年的销售毛利率与去年相同，请计算确定此次火灾烧毁存货（商品）的损失金额。

（四）练习财产清查结果的处理

假设金麓公司在202×年年底进行财产清查时，发现了下列事项，请针对发现的经济事项编制会计分录。

（1）出纳清点现金发现短款400元，原因待查。

（2）经查明，现金短款400元属出纳责任，责其赔偿。

（3）实地盘点发现A材料短缺200千克，单价40元/千克，B材料短缺100千克，单价30元/千克，原因待查。

（4）经查明，A材料和B材料短缺属自然损耗。

（5）盘盈C材料300千克，单价15元/千克，原因待查。

（6）经查明，盘盈C材料属计量器具原因造成。

（7）清查发现账外设备一台，同类设备市价120 000元，估计八成新。

（8）盘亏机器一台，原值100 000元，已提折旧30 000元，原因待查。

（9）经查，机器盘亏属自然灾害造成的非常损失，其中保险公司赔偿10 000元。

（10）发现一笔因对方公司撤销而无法支付的应付账款，价款26 800元，经批准转销。

（五）练习坏账损失的核算

金麓公司采用应收账款余额百分比法估计坏账损失，估计的坏账率为5%。请编写该公司坏账损失核算的会计分录。

（1）假设该公司202×年年末应收账款余额为2 000 000元，“坏账准备”账户的余额为0，年末按估计的坏账率计提坏账准备。

（2）第二年4月，发现一笔应收账款16 000元由于对方公司濒临倒闭而发生坏账，经批准做坏账予以转销。

（3）第二年年末，该公司应收账款余额为2 400 000元，按估计的坏账率计提坏账准备。

（4）第三年8月，上述濒临倒闭的公司由于战略重组经营情况明显好转，对方承诺下个月偿还金麓公司的应付款16 000元。

（5）第三年9月，收到上述公司的款项16 000元，存入银行。

（6）第三年年末，该公司应收账款余额为2 800 000元，按估计的坏账率计提坏账准备。

本章参考答案

第十章

财务报告

一、填空题

1.按照我国企业会计准则的要求，企业财务报告应当包括________及________。

2.一套完整的财务报表至少应当包括________、________、________、________和________。

3.财务报表按其反映的资金运动状态分为________、________。

4.财务报表按其反映的经济业务内容分为________、________。

5.资产负债表有________和________两种格式，我国采用________。

6.利润表是动态报表，由________、________、________三个动态要素组成。

7.资产负债表是静态报表，由________、________、________三个静态要素组成。

8.现金流量分为________、________、________三大类。

二、单项选择题

1.企业的月度报表一般应于（ ）编制。

A.月度终了15天内　　B.月度终了60天内

C.月度终了3天内　　D.月度终了6天内

2.编制资产负债表时，“应收账款”项目应根据（ ）填列。

A.“应收账款”总账的期末余额

B.“应收账款”总账的期末余额减去“坏账准备”科目的期末余额

C.“应收账款”及“预收账款”总账所属的各明细分类账的期末借方余额合计减去“坏账准备”科目的期末余额

D.“应收账款”总账所属的各明细分类账的期末借方余额合计

3.编制资产负债表时，“应付账款”项目应根据（ ）填列。

A.“应付账款”总账的期末余额

B.“应付账款”和“预付账款”总账所属的各明细分类账的期末贷方余额合计

C.“应付账款”总账的期末贷方余额以及“预收账款”总账所属的各明细分类账的期末贷方余额合计

D.“应付账款”总账所属的各明细分类账的期末贷方余额

4.利润表中的各项指标均根据有关账簿的（ ）填列。

A.本期数额　　B.本期发生额

C.期末余额　　D.本期发生额或期末余额

5.资产负债表的表体是以（ ）为依据，按一定顺序将企业某一时日的资产、负债、所有者权益进行项目分类。

A.会计恒等式　　B.权责发生制

C.配比原则　　D.谨慎性原则

6.财务报表中各数字资料的直接来源是（ ）。

A.原始凭证　　B.记账凭证

C.会计账簿　　D.日记账

7.现金流量表的编制基础是（　　）。

A.永续盘存制　　B.实地盘存制

C.权责发生制　　D.收付实现制

8.下列各项中，不应列入资产负债表“存货”项目的是（　　）。

A.原材料　　B.在途物资

C.固定资产　　D.生产成本

9.下列各项中，不可以直接根据总账期末余额填列的是（　　）。

A.资本公积　　B.短期借款

C.长期借款　　D.实收资本

10.下列各项中，根据几个总账账户期末余额合计填列的是（　　）。

A.货币资金　　B.短期借款

C.长期借款　　D.应收账款

三、多项选择题

1.财务报表的编制必须做到（　　）。

A.数字真实　　B.内容完整

C.计算准确　　D.编报及时

2.利润总额包括的项目有（　　）。

A.营业利润　　B.营业外收入

C.营业外支出　　D.所得税费用

3.下列项目中不能根据总账余额直接填列的有（　　）。

A.长期借款　　B.固定资产

C.应收账款　　D.预付款项

4.资产负债表中的“预付款项”项目，应根据（　　）账户分析填列。

A.应付账款　　B.预收账款

C.应收账款　　D.预付账款

5.下列项目能计入利润表中营业利润的有（　　）。

A.营业收入　　B.税金及附加

C.投资收益　　D.营业外收入

6.资产负债表中根据有关总账期末余额直接填列的项目有（　　）。

A.应交税费　　B.应收账款

C.应付职工薪酬　　D.固定资产

7.资产负债表中的“货币资金”项目，根据（　　）等账户的期末余额之和填列。

A.库存现金　　B.银行存款

C.其他货币资金　　D.其他应收款

8.利润表中列入“税金及附加”的税金有（　　）。

A.增值税　　B.消费税

C.城市维护建设税　　D.印花税

9.资产负债表中的“存货”项目应根据（　　）等账户分析填列。

A.原材料　　B.库存商品

C.存货跌价准备　　D.生产成本

10.现金及现金等价物包括（　　）。

A.库存现金　　B.银行存款

C.其他货币资金　　D.短期借款

四、判断题

1.现金流量表和利润表均属动态报表。（　　）

2.资产负债表的左边项目按流动性的大小或变现能力的强弱来排列，流动性或变现能力越强的项目排列越靠前。（　　）

3.资产负债表右边的项目，按偿还的先后顺序排列，故先列示所有者权益，后列示负债。（　　）

4.财务报表按编制时间分为中期报表和年度报表，中期报表包括月报、季报及半年报。（　　）

5.资产负债表的编制依据是“资产=负债+所有者权益”。（　　）

6.“利润分配”账户的期末余额一定与各期资产负债表中“未分配利润”项目的数额一致。（　　）

7.资产负债表是根据有关账户的期末余额直接或间接分析填列，而利润表是根据有关账户的发生额填列的。（　　）

8.资产负债表中“应收账款”项目根据“应收账款”和“预付账款”科目所属各明细科目的期末借方余额合计数减计提的坏账准备填列。（　　）

9.现金流量表的编制基础是权责发生制，资产负债表的编制基础是收付实现制。（　　）

10.利润表格式有单步式和多步式，我国采用单步式利润表。（　　）

五、业务题

（一）练习资产负债表有关项目的填列

假设金麓公司202×年12月部分账户余额资料见表10-1，请根据表中有关总分类账和明细分类账的资料，分析确定资产负债表相关项目的金额。

表10-1　**有关账户余额资料**　单位：元

账户名称	总账余额		明细账余额	
	借方	贷方	借方	贷方
库存现金	5 000			
银行存款	120 000			
其他货币资金	20 000			
应收票据	13 000			
应收账款	4 500			
——甲公司				2 000
——乙公司			6 500	

续表

账户名称	总账余额		明细账余额	
	借方	贷方	借方	贷方
应付票据		10 800		
应付账款		1 800		
——丙公司			3 000	
——丁公司				4 800
预付账款	1 100			
——A公司			4 200	
——B公司				3 100
预收账款		3 300		
——C公司			2 300	
——D公司				5 600
坏账准备		500		
原材料	12 000			
在途物资	4 000			
库存商品	10 000			
生产成本	2 400			
存货跌价准备		1 300		
长期借款		400 000		
其中：2年内到期				220 000
1年内到期				180 000
固定资产	500 000			
累计折旧		2 000		
固定资产减值准备		13 000		

（1）"货币资金"项目=

（2）"应收账款"项目=

（3）"应付账款"项目=

（4）"预付款项"项目=

（5）"预收款项"项目=

（6）"存货"项目=

（7）"长期借款"项目=

（8）"一年内到期的非流动负债"项目=

（9）"固定资产"项目=

（二）练习资产负债表和利润表的编制

假设金麓公司202×年10月底结转损益后各账户的期末余额以及该年10月各损益类账

户的发生额见表10-2，请根据资料编制金麓公司202×年10月的利润表（简表，见表10-3）和10月末的资产负债表（简表，见表10-4）。

表10-2　**有关数据资料**　单位：元

账户名称	借方余额	账户名称	贷方余额
库存现金	2 350	短期借款	41 000
银行存款	76 500	应付账款	4 500
应收账款	8 000	其他应付款	8 200
其他应收款	1 200	应付职工薪酬	11 500
原材料	349 800	应交税费	34 600
生产成本	38 000	累计折旧	234 000
库存商品	62 000	实收资本	600 000
固定资产	538 400	盈余公积	70 250
利润分配	86 540	本年利润	158 740
合计	1 162 790	合计	1 162 790
账户名称	借方发生额	账户名称	贷方发生额
主营业务成本	944 280	主营业务收入	1 124 900
其他业务成本	31 500	其他业务收入	35 000
税金及附加	64 320	投资收益	20 000
销售费用	14 600	营业外收入	800
管理费用	20 800		
财务费用	6 200		
营业外支出	5 000		
所得税费用	23 500		

表10-3　**利润表（简表）**

编制单位：金麓公司　202×年10月　单位：元

项目	金额
一、营业收入	
减：营业成本	
税金及附加	
销售费用	
管理费用	
研发费用	
财务费用	
加：其他收益	
投资收益	
公允价值变动收益	
资产处置收益	
二、营业利润	
加：营业外收入	
减：营业外支出	
三、利润总额	
减：所得税费用	
四、净利润	

表 10-4 资产负债表（简表）

编制单位：金麓公司 202×年 10 月 31 日 单位：元

资产	期末余额	年初余额	负债和所有者权益	期末余额	年初余额
流动资产：		（略）	流动负债：		（略）
货币资金			短期借款		
应收账款			应付账款		
其他应收款			其他应付款		
存货			应付职工薪酬		
流动资产合计			应交税费		
非流动资产：			流动负债合计		
固定资产			所有者权益：		
非流动资产合计			实收资本		
			盈余公积		
			未分配利润		
			所有者权益合计		
资产总计			负债和所有者权益总计		

本章参考答案

第十一章

账务处理程序

一、填空题

1.账务处理程序是指会计循环中，__________、__________、__________和__________有机结合的形式。

2.各种账务处理程序的主要区别在于登记__________的依据不同。

3.采用记账凭证账务处理程序，其记账凭证一般采取__________、__________和__________三种格式。

4.记账凭证账务处理程序的主要特点是根据__________逐笔登记__________。

5.科目汇总表账务处理程序的主要优点：__________。

6.汇总记账凭证账务处理程序下，除应设置收款凭证、付款凭证和转账凭证外，还应设置__________、__________和__________。

7.多栏式日记账账务处理程序是根据__________和__________登记总分类账的一种账务处理程序。

二、单项选择题

1.账务处理程序是会计凭证、会计账簿、会计报表的（　　）。

A.排列方式　　B.列表方式

C.结合方式　　D.混合方式

2.在各种账务处理程序中，最基本的账务处理程序是（　　）。

A.记账凭证账务处理程序　　B.汇总记账凭证账务处理程序

C.科目汇总表账务处理程序　　D.日记总账账务处理程序

3.记账凭证账务处理程序主要适用于（　　）。

A.规模较小、业务量较少、记账凭证不多的单位

B.规模较大、业务量较多、记账凭证多的单位

C.规模不是很大、货币资金收付业务较多的单位

D.任何类型的单位

4.科目汇总表账务处理程序之所以又称记账凭证汇总表账务处理程序，是因为科目汇总表的编制依据是（　　）。

A.原始凭证　　B.记账凭证

C.日记账　　D.明细分类账

5.科目汇总表最长编制期间是（　　）。

A.10天　　B.一个月

C.一个季度　　D.一年

6.汇总收款凭证是按（　　）设置的。

A.收款凭证上的借方科目　　B.收款凭证上的贷方科目

C.付款凭证上的借方科目　　D.付款凭证上的贷方科目

7.汇总记账凭证账务处理程序适用于（　　）的单位。

A.规模较小，业务量较少　　B.规模较大，业务量较多

C.规模较大，业务量较少　　D.规模较小，业务量较多

8.适用于收、付款业务较多且规模较大的单位的账务处理程序是（　　）。

A.记账凭证账务处理程序　　B.汇总记账凭证账务处理程序

C.多栏式日记账账务处理程序　　D.总账账务处理程序

9.科目汇总表账务处理程序和汇总记账凭证账务处理程序的主要相同点是（　　）。

A.记账凭证汇总的方法相同

B.登记总账的依据相同

C.会计凭证的种类相同

D.记账凭证都需要汇总并且记账步骤相同

10.各种账务处理程序的区别主要在于（　　）。

A.填制记账凭证的依据不同

B.登记明细账的依据和方法不同

C.登记总分类账的依据和方法不同

D.编制会计报表的依据和方法不同

三、多项选择题

1.会计循环的基本步骤除收集经济业务原始数据、对数据进行分析归类、在日记账中初步记录数据、在总分类账中分类记录数据外，还包括（　　）。

A.编制结账调整前的试算平衡表

B.按权责发生制编制调整会计分录

C.编制调整后的试算平衡表

D.编制财务报表

2.下列项目中，账务处理程序涉及的有（　　）。

A.原始凭证　　B.记账凭证

C.日记账　　D.财务说明

3.在各种账务处理程序中，登记各种明细分类账的依据包括（　　）。

A.原始凭证　　B.汇总原始凭证

C.记账凭证　　D.科目汇总表

4.在各种账务处理程序中，登记库存现金日记账和银行存款日记账的依据包括（　　）。

A.原始凭证　　B.汇总原始凭证

C.记账凭证　　D.科目汇总表

5.在记账凭证账务处理程序中，登记总分类账的依据包括（　　）。

A.原始凭证　　B.收款凭证

C.转账凭证　　D.付款凭证

6.在科目汇总表中，需要计算出每一个总账科目的（　　）。

A.期初余额　　B.期末余额

C.本期借方发生额　　D.本期贷方发生额

7.在科目汇总表账务处理程序下，应设置（　　）。

A.库存现金日记账和银行存款日记账

B.科目汇总表

C.总分类账

D.汇总收款凭证、汇总付款凭证和汇总转账凭证

8.汇总记账凭证账务处理程序的优点是（　　）。

A.简化了登记总账的工作量

B.反映了科目对应关系和经济业务的来龙去脉

C.便于日常会计工作的合理分工

D.业务量较少的单位采用这种账务处理程序能够减少工作量

9.记账凭证账务处理程序的优点是（　　）。

A.核算程序清楚明了，易于理解

B.详细地反映了经济业务的来龙去脉、账户的对应关系

C.减轻了登记总分类账的工作量

D.总账不能反映经济业务的来龙去脉

10.在汇总记账凭证账务处理程序下，应设置（　　）等。

A.收款凭证、付款凭证和转账凭证

B.总分类账和各种明细分类账

C.汇总收款凭证、汇总付款凭证和汇总转账凭证

D.库存现金日记账和银行存款日记账

四、判断题

1.会计循环是会计作为一个信息系统的运行过程，包括原始数据的输入、数据加工与转换、会计信息的输出等。（　　）

2.各种账务处理程序之间有很多共同点，又各具特点，其主要区别在于登记总分类账的依据和方法有所不同。（　　）

3.同一个企业可以同时采用几种不同的账务处理程序。（　　）

4.企业采用科目汇总表账务处理程序时，以科目汇总表作为登记总账和明细账的依据。（　　）

5.记账凭证账务处理程序是会计核算中最基本的一种会计账务处理程序，其他各种账务处理程序都是以其为基础发展演化而成的。（　　）

6.企业采用何种账务处理程序，应根据各单位规模大小、业务简繁、经营业务特点而定。（　　）

7.由于记账凭证账务处理程序核算程序清楚明了、记账程序层次分明，所以普遍应用于各类企业。（　　）

8.采用科目汇总表账务处理程序时，编制的科目汇总表不仅能起到试算平衡的作用，而且可以反映账户之间的对应关系。（　　）

9.汇总转账凭证根据每张转账凭证的借方科目分别设置，并按其对应的贷方科目归类汇总。（　　）

10.采用汇总转账凭证账务处理程序时，记账凭证必须使用收、付、转三种格式，以便进行汇总。（　　）

五、简答题

1.会计循环包括哪些基本步骤？

2.记账凭证账务处理程序的内容和特点是什么？

3.科目汇总表账务处理程序的内容和特点是什么？

4.汇总记账凭证账务处理程序的内容和特点是什么？

5.日记总账账务处理程序的内容和特点是什么？

本章参考答案

第十二章

会计工作组织

一、填空题

1.我国会计法规规范形成了以________为核心、以________为主要内容的________、________、________、________四个层次。

2.我国现行企业会计准则体系分为________、________、________三个层次。

3.我国目前具体会计准则对各行业企业中存在的各类经济业务，明确了会计处理的具体原则和规范，具体分为三类：________、________、________。

4.《中华人民共和国会计法》规定，________是主管全国会计工作的机构。

5.会计工作岗位设置必须遵循________，从而达到不同工作岗位之间相互牵制的作用。

6.会计人员的工作交接包括：________、________、________。

7.目前，我国会计人员专业技术职务资格分为三个级别：________、________、________。

二、单项选择题

1.我国会计规范体系的最高层次是（　　）。

A.《会计基础工作规范》　　B.《企业会计准则》

C.《企业会计制度》　　D.《中华人民共和国会计法》

2.我国现行的企业会计准则由1项基本准则和（　　）具体会计准则构成。

A.40项　　B.41项

C.42项　　D.39项

3.会计专业技术资格的取得实行考评结合的是（　　）。

A.初级资格证　　B.中级资格证

C.高级资格证　　D.注册会计师执业资格证

4.下列选项中，行政事业单位设置会计机构的主要任务不包括（　　）。

A.组织会计人员专业技术资格考试

B.组织、指导和监督所属单位的会计工作

C.审核、汇总所属单位上报的会计报表

D.核算本单位和上下级之间缴拨款项，进行会计分析

5.下列选项中，企业单位设置会计机构的主要任务不包括（　　）。

A.组织会计核算，进行会计监督

B.制定本单位的内部会计制度

C.参与制订本单位的各种计划

D.负责本单位会计人员的资格管理和后续教育

6.《中华人民共和国会计法》规定，国有和国有资产控股或者占主导地位的大、中型企业必须设置（　　）。

A.会计师　　B.高级会计师

C.会计主管　　　　D.总会计师

7.会计档案的销毁清册应该（　　）。

A.保管5年　　　　B.保管10年

C.保管15年　　　　D.永久保管

8.年度财务会计报告的保存期限为（　　）。

A.5年　　　　B.15年

C.25年　　　　D.永久保管

9.下列选项中，不属于会计人员专业技术资格的是（　　）。

A.会计师　　　　B.总会计师

C.高级会计师　　　　D.助理会计师

10.下列会计工作岗位设置中，没有遵循不相容职务相分离原则的是（　　）。

A.支付现金由会计主管审核批准，出纳人员付款，记账人员记账

B.采购材料由采购人员进行采购，仓库人员收料，记账人员记账

C.发放工资由出纳人员编制工资单，并通过银行支付工资

D.销售产品由销售人员编制发货通知单，仓库人员发货，出纳人员收款

三、多项选择题

1.根据《中华人民共和国会计法》的规定，会计人员的工作职责是（　　）。

A.进行会计核算，实行会计监督

B.制定本单位办理会计事务的具体办法

C.参与企业经营活动的计划、考核、分析、评价工作

D.搞好本单位管理人员财会知识的培训

2.出纳岗位的工作职责主要包括（　　）。

A.办理现金收付和银行结算业务

B.登记库存现金日记账和银行存款日记账

C.保管现金和各种有价证券

D.保管有关印章、空白收据和空白支票

3.往来结算岗位的工作职责主要包括（　　）。

A.办理其他应收款、应付款的往来结算业务

B.做好应收款项的催收和应付款项的及时偿付

C.做好其他应收款、应付款和备用金的明细核算

D.保管好合同、凭证等各种会计档案

4.成本费用核算岗位的工作职责主要包括（　　）。

A.会同有关部门拟订成本费用管理与核算办法

B.建立健全各项原始记录和定额资料

C.归集和分配费用，计算产品成本，登记费用成本明细账

D.编制成本费用报表，分析成本计划的执行情况

5.会计机构负责人的岗位工作职责主要包括（　　）。

A.制定本单位的各项财务会计制度、办法，组织实施

B.组织编制本单位的财务成本计划、单位预算，并检查其执行情况

C.组织编制财务报表和有关报告

D.组织财会人员学习业务知识，负责对财会人员的工作考核

6.会计工作交接前必须做好的准备工作包括（ ）。

A.已经受理的经济业务应当全部填制好会计凭证

B.尚未登记的账目应当登记完毕并结出余额

C.整理好移交资料，对未了事项和遗留问题要写出书面材料

D.编制移交清册，列明应该移交的各项资料

7.会计工作交接过程中的要点包括（ ）。

A.对现金进行当面点交，不得短缺

B.有价证券的数量要与会计账簿记录一致

C.会计凭证、会计账簿、财务会计报告和其他会计资料不得遗漏

D.空白支票、发票、科目印章以及其他物品等可以不办理交接手续

8.会计档案的具体内容一般包括（ ）。

A.会计凭证

B.会计账簿

C.会计报表

D.其他会计核算资料

9.下列会计档案中，需要永久保管的有（ ）。

A.年度财务报告

B.会计档案保管清册

C.会计档案销毁清册

D.会计档案移交清册

10.下列会计档案中，保管期限为30年的有（ ）。

A.会计凭证

B.总账、明细账、日记账和其他辅助性账簿

C.会计档案移交清册

D.季度和半年度财务报告

四、判断题

1.独立核算的单位具有一定数量的资金，在银行单独开户，独立经营、计算盈亏，账簿体系完整，定期编制财务报表。（ ）

2.非独立核算的单位不独立计算盈亏，不编制财务报表，一般也不设置专门的会计机构，不需要配备会计人员处理日常会计事务。（ ）

3.集中核算是在厂部一级设置专门的会计机构，把整个企业的主要会计工作都集中在会计部门进行。（ ）

4.当单位的出纳人员因公出差时，为了不影响工作，可由单位的主管会计暂时接替出纳的工作。（ ）

5.《中华人民共和国会计法》属于会计行政法规。（ ）

6.《企业财务会计报告条例》《中华人民共和国总会计师条例》都属于会计规章。（ ）

7.《会计基础工作规范》规定了会计人员应当遵守的六条道德标准：敬业爱岗，熟悉法规，依法办事，客观公正，搞好服务，保守秘密。 ( )

8.对于一些经营规模较小、人员不多的经济组织，可以由中介服务机构实行代理记账。 ( )

9.伪造、变造会计凭证和会计账簿，编制虚假财务会计报告，构成犯罪的，依法追究刑事责任。 ( )

10.各单位保存的会计档案如有特殊需要，经本单位负责人批准可以借出，但必须办理登记手续，并及时归还。 ( )

五、简答题

1.独立核算和非独立核算、集中核算和非集中核算各有什么特点？

2.目前我国的会计法规规范体系包括哪些内容？

3.如何构建会计机构的内部牵制制度和稽核制度？

4.如何做好会计人员的工作交接？

本章参考答案

综合模拟实训

一、综合实训背景资料

金海有限责任公司（以下简称“金海公司”）是一家典型的制造企业，主要生产甲和乙两种产品，生产甲、乙两种产品主要需要A、B两种原材料。金海公司为一般纳税人，增值税税率为13%，城市维护建设税税率为7%，教育费附加的征收比例为3%，所得税税率为25%。此外，甲产品为应税消费品，需要按销售价款的10%缴纳消费税。

（一）账户的期初余额

金海公司202×年11月30日各账户的余额见下表。其中，A材料有2 000千克，单价40元/千克，共计80 000元；B材料有500千克，单价60元/千克，共计30 000元。

各账户余额

单位：元

会计科目	总分类科目		明细分类科目	
	借方余额	贷方余额	借方余额	贷方余额
库存现金	12 000			
银行存款	450 000			
应收账款	80 000			
其他应收款	8 000			
原材料	110 000			
——A材料			80 000	
——B材料			30 000	
生产成本	40 000			
库存商品	160 000			
固定资产	1 467 000			
累计折旧		100 000		
短期借款		400 000		
应付职工薪酬		83 000		
应付账款		260 000		
——湘波公司				4 000
——楚天公司				256 000
应交税费		40 000		
应付利息		13 000		
实收资本		881 000		
盈余公积		100 000		
本年利润		450 000		
合　　计	2 327 000	2 327 000		

（二）12月份发生的经济业务

（1）1日，投资者追加投资，投入货币资金180 000元，存入银行；投入机器一台，价值20 000元（原始凭证：投资协议、银行进账单、机器购买发票）。

（2）2日，从湘波公司购入A材料2 500千克，单价40元/千克，购入B材料1 000千克，单价60元/千克，增值税税额为20 800元，材料未收到，价税款暂欠（原始凭证：增值税专用发票发票联）。

（3）4日，从楚天公司购入B材料1 200千克，单价60元/千克，增值税税额为9 360元，材料未收到，价税款暂欠（原始凭证：增值税专用发票发票联）。

（4）5日，收到从湘波公司、楚天公司购进的A材料和B材料，验收入库（原始凭证：材料入库单）。

（5）6日，仓库发出A材料和B材料，具体数量和领用部门如下（原始凭证：领料单）：

领料数量和领用部门

金额单位：元

用途	A材料		B材料		合计
	数量（千克）	金额	数量（千克）	金额	
生产甲产品领用	2 500	100 000	300	18 000	118 000
生产乙产品领用	500	20 000	200	12 000	32 000
生产车间一般消耗	200	8 000			8 000
行政管理部门耗用	300	12 000			12 000
合　计	3 500	140 000	500	30 000	170 000

（6）7日，从银行提取现金20 000元备用（原始凭证：现金支票存根）。

（7）8日，通过银行发放上个月的职工工资83 000元（原始凭证：转账支票存根）。

（8）8日，行政管理部门人员刘广出差，预借差旅费5 000元，以现金支付（原始凭证：借款单）。

（9）10日，销售给海天公司甲产品1 500件，单价200元/件，乙产品1 000件，单价150元/件，销售总价450 000元，增值税税额58 500元，收到货款450 000元存入银行，余款暂欠（原始凭证：增值税专用发票记账联、银行进账单）。

（10）10日，以银行存款支付本月的水电费8 000元，其中生产车间负担6 000元，公司行政部门负担2 000元（原始凭证：水费发票、电费发票、银行结算单）。

（11）12日，刘广出差回来，报销差旅费4 200元，以现金退回余款800元（原始凭证：车票、住宿发票、收据记账联）。

（12）15日，以银行存款支付本月的产品促销广告费36 800元（原始凭证：广告费发票、转账支票存根）。

（13）20日，以银行存款向受冰灾的山区小学捐赠20 000元（原始凭证：公益性捐赠收据记账联、转账支票存根）。

（14）20日，从银行取得半年期的短期借款100 000元，存入银行（原始凭证：借款合同、银行进账单)。

(15) 21日，销售A材料100千克，单价70元/千克，增值税税额910元，价税款收到并存入银行(原始凭证：增值税专用发票记账联、银行进账单)。

(16) 21日，结转销售A材料的成本4 000元(原始凭证：材料发货单)。

(17) 22日，以银行存款支付前欠湘波公司部分货款165 000元，支付前欠楚天公司部分货款200 000元(原始凭证：转账支票存根)。

(18) 24日，公司持有的国债结算利息，收到国债利息30 000元存入银行(原始凭证：银行进账单)。

(19) 25日，收到供应商未按期履行合同的违约金10 000元，存入银行(原始凭证：银行进账单)。

(20) 30日，以银行存款缴纳上月应交的增值税12 000元、消费税8 000元、城市维护建设税1 400元、教育费附加600元(原始凭证：完税凭证、银行转账单)。

(21) 31日，结算本月应付的工资，其中生产甲产品工人的工资32 000元，生产乙产品工人的工资24 000元，生产车间管理人员的工资8 000元，公司行政管理人员的工资16 000元(原始凭证：工资计算汇总表)。

(22) 31日，按本月职工工资总额的25%计提社会保险费，按本月职工工资总额的10%计提住房公积金(原始凭证：社会保险费和住房公积金计提表)。

(23) 31日，计提本月固定资产折旧，其中生产车间固定资产应计提折旧12 000元，行政管理部门固定资产应计提折旧4 000元(原始凭证：固定资产折旧计算表)。

(24) 31日，按生产工时比例分配结转本月生产车间的制造费用36 800元，其中甲产品生产工时300小时，乙产品生产工时200小时(原始凭证：制造费用分配表)。

(25) 31日，结转本月完工验收入库的产品成本，其中甲产品完工2 500件，总成本150 000元，乙产品完工1 500件，总成本60 000元(原始凭证：完工产品入库单)。

(26) 31日，结转本月已销产品成本，其中甲产品销售1 500件，单位成本60元/件，总成本90 000元，乙产品销售1 000件，单位成本40元/件，总成本40 000元(原始凭证：产品发货单)。

(27) 31日，以银行存款支付本季度短期借款的利息支出18 000元，其中已预提的应付利息12 000元，本月应负担的银行借款利息6 000元(原始凭证：利息结算单、银行转账单)。

(28) 31日，计算本月应缴纳的消费税30 000元、城市维护建设税2 100元、教育费附加900元(原始凭证：应交税费计算表)。

(29) 31日，结转本月主营业务收入450 000元、其他业务收入7 000元、投资收益30 000元、营业外收入10 000元至“本年利润”账户。

(30) 31日，结转本月主营业务成本130 000元、其他业务成本4 000元、税金及附加33 000元、销售费用36 800元、财务费用6 000元、管理费用43 800元、营业外支出20 000元至“本年利润”账户。

(31) 31日，计算并确认本年应缴纳的企业所得税(税率25%)，假设该公司12月初“本年利润”账户贷方余额为450 000元，且1—11月不存在所得税纳税调整事项，12月存在国债利息收入30 000元的纳税调整事项(原始凭证：所得税费用计算表)。

（32）31日，将本年的所得税费用结转至“本年利润”账户。

（33）31日，将“本年利润”期末余额结转至“利润分配”账户。

（34）31日，按本年实现净利润的10%提取盈余公积。

（35）31日，公司决定向投资者分配利润300 000元，拟定于下年度6月30日前支付（原始凭证：利润分配决议）。

（说明：一般纳税人企业从外部采购商品或接受劳务获取的所有发票都是增值税专用发票，支付的款项包含增值税进项税额。本实训仅考虑采购原材料的增值税进项税额，水费、电费、广告费、住宿费等的进项税额简化处理，暂不予考虑）

二、综合模拟实训要求

根据上述资料中金海公司各账户202×年12月的期初余额以及12月份发生的经济业务，完成金海公司12月份记账凭证编制、库存现金日记账和银行存款日记账登记、应付账款明细分类账和原材料明细分类账登记、总分类账登记（该公司采用记账凭证账务处理程序登记总账）、试算平衡表编制以及资产负债表和利润表的编制工作。

（一）编制记账凭证

记账凭证

年　月　日　　　　第　号

摘要	总账科目	明细科目	借方金额									贷方金额									记账
			百	十	万	千	百	十	元	角	分	百	十	万	千	百	十	元	角	分	
合　计																					

附单据　张

会计主管：　　记账：　　出纳：　　复核：　　制单：

记账凭证

年　月　日　　　　第　号

摘要	总账科目	明细科目	借方金额									贷方金额									记账
			百	十	万	千	百	十	元	角	分	百	十	万	千	百	十	元	角	分	
合　计																					

附单据　张

会计主管：　　记账：　　出纳：　　复核：　　制单：

记账凭证

年　月　日　　　　　　　　　　　　　　　　第　号

摘要	总账科目	明细科目	借方金额									贷方金额									记账
			百	十	万	千	百	十	元	角	分	百	十	万	千	百	十	元	角	分	
合计																					

附单据　张

会计主管：　　记账：　　出纳：　　复核：　　制单：

记账凭证

年　月　日　　　　　　　　　　　　　　　　第　号

摘要	总账科目	明细科目	借方金额									贷方金额									记账
			百	十	万	千	百	十	元	角	分	百	十	万	千	百	十	元	角	分	
合计																					

附单据　张

会计主管：　　记账：　　出纳：　　复核：　　制单：

记账凭证

年　月　日　　　　　　　　　　　　　　　　第　号

摘要	总账科目	明细科目	借方金额									贷方金额									记账
			百	十	万	千	百	十	元	角	分	百	十	万	千	百	十	元	角	分	
合计																					

附单据　张

会计主管：　　记账：　　出纳：　　复核：　　制单：

记账凭证

年 月 日 第 号

摘要	总账科目	明细科目	借方金额									贷方金额									记账
			百	十	万	千	百	十	元	角	分	百	十	万	千	百	十	元	角	分	
合 计																					

附单据 张

会计主管： 记账： 出纳： 复核： 制单：

记账凭证

年 月 日 第 号

摘要	总账科目	明细科目	借方金额									贷方金额									记账
			百	十	万	千	百	十	元	角	分	百	十	万	千	百	十	元	角	分	
合 计																					

附单据 张

会计主管： 记账： 出纳： 复核： 制单：

记账凭证

年 月 日 第 号

摘要	总账科目	明细科目	借方金额									贷方金额									记账
			百	十	万	千	百	十	元	角	分	百	十	万	千	百	十	元	角	分	
合 计																					

附单据 张

会计主管： 记账： 出纳： 复核： 制单：

记账凭证

年　月　日　　　　　　　　　　第　号

摘要	总账科目	明细科目	借方金额									贷方金额									记账
			百	十	万	千	百	十	元	角	分	百	十	万	千	百	十	元	角	分	
合　计																					

附单据　张

会计主管：　　记账：　　出纳：　　复核：　　制单：

记账凭证

年　月　日　　　　　　　　　　第　号

摘要	总账科目	明细科目	借方金额									贷方金额									记账
			百	十	万	千	百	十	元	角	分	百	十	万	千	百	十	元	角	分	
合　计																					

附单据　张

会计主管：　　记账：　　出纳：　　复核：　　制单：

记账凭证

年　月　日　　　　　　　　　　第　号

摘要	总账科目	明细科目	借方金额									贷方金额									记账
			百	十	万	千	百	十	元	角	分	百	十	万	千	百	十	元	角	分	
合　计																					

附单据　张

会计主管：　　记账：　　出纳：　　复核：　　制单：

记账凭证

年　月　日　　　　　　　　第　号

<table>
<tr><td rowspan="2">摘要</td><td rowspan="2">总账科目</td><td rowspan="2">明细科目</td><td colspan="9">借方金额</td><td colspan="9">贷方金额</td><td rowspan="2">记账</td></tr>
<tr><td>百</td><td>十</td><td>万</td><td>千</td><td>百</td><td>十</td><td>元</td><td>角</td><td>分</td><td>百</td><td>十</td><td>万</td><td>千</td><td>百</td><td>十</td><td>元</td><td>角</td><td>分</td></tr>
<tr><td></td><td></td><td></td><td></td><td></td><td></td><td></td><td></td><td></td><td></td><td></td><td></td><td></td><td></td><td></td><td></td><td></td><td></td><td></td><td></td><td></td><td></td></tr>
<tr><td></td><td></td><td></td><td></td><td></td><td></td><td></td><td></td><td></td><td></td><td></td><td></td><td></td><td></td><td></td><td></td><td></td><td></td><td></td><td></td><td></td><td></td></tr>
<tr><td></td><td></td><td></td><td></td><td></td><td></td><td></td><td></td><td></td><td></td><td></td><td></td><td></td><td></td><td></td><td></td><td></td><td></td><td></td><td></td><td></td><td></td></tr>
<tr><td></td><td></td><td></td><td></td><td></td><td></td><td></td><td></td><td></td><td></td><td></td><td></td><td></td><td></td><td></td><td></td><td></td><td></td><td></td><td></td><td></td><td></td></tr>
<tr><td></td><td></td><td></td><td></td><td></td><td></td><td></td><td></td><td></td><td></td><td></td><td></td><td></td><td></td><td></td><td></td><td></td><td></td><td></td><td></td><td></td><td></td></tr>
<tr><td></td><td></td><td></td><td></td><td></td><td></td><td></td><td></td><td></td><td></td><td></td><td></td><td></td><td></td><td></td><td></td><td></td><td></td><td></td><td></td><td></td><td></td></tr>
<tr><td colspan="3">合　计</td><td></td><td></td><td></td><td></td><td></td><td></td><td></td><td></td><td></td><td></td><td></td><td></td><td></td><td></td><td></td><td></td><td></td><td></td></tr>
</table>

附单据　张

会计主管：　　记账：　　出纳：　　复核：　　制单：

记账凭证

年　月　日　　　　　　　　第　号

<table>
<tr><td rowspan="2">摘要</td><td rowspan="2">总账科目</td><td rowspan="2">明细科目</td><td colspan="9">借方金额</td><td colspan="9">贷方金额</td><td rowspan="2">记账</td></tr>
<tr><td>百</td><td>十</td><td>万</td><td>千</td><td>百</td><td>十</td><td>元</td><td>角</td><td>分</td><td>百</td><td>十</td><td>万</td><td>千</td><td>百</td><td>十</td><td>元</td><td>角</td><td>分</td></tr>
<tr><td></td><td></td><td></td><td></td><td></td><td></td><td></td><td></td><td></td><td></td><td></td><td></td><td></td><td></td><td></td><td></td><td></td><td></td><td></td><td></td><td></td><td></td></tr>
<tr><td></td><td></td><td></td><td></td><td></td><td></td><td></td><td></td><td></td><td></td><td></td><td></td><td></td><td></td><td></td><td></td><td></td><td></td><td></td><td></td><td></td><td></td></tr>
<tr><td></td><td></td><td></td><td></td><td></td><td></td><td></td><td></td><td></td><td></td><td></td><td></td><td></td><td></td><td></td><td></td><td></td><td></td><td></td><td></td><td></td><td></td></tr>
<tr><td></td><td></td><td></td><td></td><td></td><td></td><td></td><td></td><td></td><td></td><td></td><td></td><td></td><td></td><td></td><td></td><td></td><td></td><td></td><td></td><td></td><td></td></tr>
<tr><td></td><td></td><td></td><td></td><td></td><td></td><td></td><td></td><td></td><td></td><td></td><td></td><td></td><td></td><td></td><td></td><td></td><td></td><td></td><td></td><td></td><td></td></tr>
<tr><td></td><td></td><td></td><td></td><td></td><td></td><td></td><td></td><td></td><td></td><td></td><td></td><td></td><td></td><td></td><td></td><td></td><td></td><td></td><td></td><td></td><td></td></tr>
<tr><td colspan="3">合　计</td><td></td><td></td><td></td><td></td><td></td><td></td><td></td><td></td><td></td><td></td><td></td><td></td><td></td><td></td><td></td><td></td><td></td><td></td></tr>
</table>

附单据　张

会计主管：　　记账：　　出纳：　　复核：　　制单：

记账凭证

年　月　日　　　　　　　　第　号

<table>
<tr><td rowspan="2">摘要</td><td rowspan="2">总账科目</td><td rowspan="2">明细科目</td><td colspan="9">借方金额</td><td colspan="9">贷方金额</td><td rowspan="2">记账</td></tr>
<tr><td>百</td><td>十</td><td>万</td><td>千</td><td>百</td><td>十</td><td>元</td><td>角</td><td>分</td><td>百</td><td>十</td><td>万</td><td>千</td><td>百</td><td>十</td><td>元</td><td>角</td><td>分</td></tr>
<tr><td></td><td></td><td></td><td></td><td></td><td></td><td></td><td></td><td></td><td></td><td></td><td></td><td></td><td></td><td></td><td></td><td></td><td></td><td></td><td></td><td></td><td></td></tr>
<tr><td></td><td></td><td></td><td></td><td></td><td></td><td></td><td></td><td></td><td></td><td></td><td></td><td></td><td></td><td></td><td></td><td></td><td></td><td></td><td></td><td></td><td></td></tr>
<tr><td></td><td></td><td></td><td></td><td></td><td></td><td></td><td></td><td></td><td></td><td></td><td></td><td></td><td></td><td></td><td></td><td></td><td></td><td></td><td></td><td></td><td></td></tr>
<tr><td></td><td></td><td></td><td></td><td></td><td></td><td></td><td></td><td></td><td></td><td></td><td></td><td></td><td></td><td></td><td></td><td></td><td></td><td></td><td></td><td></td><td></td></tr>
<tr><td></td><td></td><td></td><td></td><td></td><td></td><td></td><td></td><td></td><td></td><td></td><td></td><td></td><td></td><td></td><td></td><td></td><td></td><td></td><td></td><td></td><td></td></tr>
<tr><td></td><td></td><td></td><td></td><td></td><td></td><td></td><td></td><td></td><td></td><td></td><td></td><td></td><td></td><td></td><td></td><td></td><td></td><td></td><td></td><td></td><td></td></tr>
<tr><td colspan="3">合　计</td><td></td><td></td><td></td><td></td><td></td><td></td><td></td><td></td><td></td><td></td><td></td><td></td><td></td><td></td><td></td><td></td><td></td><td></td></tr>
</table>

附单据　张

会计主管：　　记账：　　出纳：　　复核：　　制单：

记账凭证

年 月 日 第 号

摘要	总账科目	明细科目	借方金额									贷方金额									记账
			百	十	万	千	百	十	元	角	分	百	十	万	千	百	十	元	角	分	
合 计																					

附单据 张

会计主管： 记账： 出纳： 复核： 制单：

记账凭证

年 月 日 第 号

摘要	总账科目	明细科目	借方金额									贷方金额									记账
			百	十	万	千	百	十	元	角	分	百	十	万	千	百	十	元	角	分	
合 计																					

附单据 张

会计主管： 记账： 出纳： 复核： 制单：

记账凭证

年 月 日 第 号

摘要	总账科目	明细科目	借方金额									贷方金额									记账
			百	十	万	千	百	十	元	角	分	百	十	万	千	百	十	元	角	分	
合 计																					

附单据 张

会计主管： 记账： 出纳： 复核： 制单：

记账凭证

年 月 日 第 号

摘要	总账科目	明细科目	借方金额									贷方金额									记账
			百	十	万	千	百	十	元	角	分	百	十	万	千	百	十	元	角	分	
合　计																					

附单据 张

会计主管：　　记账：　　出纳：　　复核：　　制单：

记账凭证

年 月 日 第 号

摘要	总账科目	明细科目	借方金额									贷方金额									记账
			百	十	万	千	百	十	元	角	分	百	十	万	千	百	十	元	角	分	
合　计																					

附单据 张

会计主管：　　记账：　　出纳：　　复核：　　制单：

记账凭证

年 月 日 第 号

摘要	总账科目	明细科目	借方金额									贷方金额									记账
			百	十	万	千	百	十	元	角	分	百	十	万	千	百	十	元	角	分	
合　计																					

附单据 张

会计主管：　　记账：　　出纳：　　复核：　　制单：

记账凭证

年 月 日 第 号

摘要	总账科目	明细科目	借方金额									贷方金额									记账
			百	十	万	千	百	十	元	角	分	百	十	万	千	百	十	元	角	分	
合 计																					

附单据 张

会计主管： 记账： 出纳： 复核： 制单：

记账凭证

年 月 日 第 号

摘要	总账科目	明细科目	借方金额									贷方金额									记账
			百	十	万	千	百	十	元	角	分	百	十	万	千	百	十	元	角	分	
合 计																					

附单据 张

会计主管： 记账： 出纳： 复核： 制单：

记账凭证

年 月 日 第 号

摘要	总账科目	明细科目	借方金额									贷方金额									记账
			百	十	万	千	百	十	元	角	分	百	十	万	千	百	十	元	角	分	
合 计																					

附单据 张

会计主管： 记账： 出纳： 复核： 制单：

记账凭证

年 月 日 第 号

摘要	总账科目	明细科目	借方金额									贷方金额									记账
			百	十	万	千	百	十	元	角	分	百	十	万	千	百	十	元	角	分	
合 计																					

附单据 张

会计主管： 记账： 出纳： 复核： 制单：

记账凭证

年 月 日 第 号

摘要	总账科目	明细科目	借方金额									贷方金额									记账
			百	十	万	千	百	十	元	角	分	百	十	万	千	百	十	元	角	分	
合 计																					

附单据 张

会计主管： 记账： 出纳： 复核： 制单：

记账凭证

年 月 日 第 号

摘要	总账科目	明细科目	借方金额									贷方金额									记账
			百	十	万	千	百	十	元	角	分	百	十	万	千	百	十	元	角	分	
合 计																					

附单据 张

会计主管： 记账： 出纳： 复核： 制单：

记账凭证

年 月 日 第 号

摘要	总账科目	明细科目	借方金额									贷方金额									记账
			百	十	万	千	百	十	元	角	分	百	十	万	千	百	十	元	角	分	
合计																					

附单据 张

会计主管： 记账： 出纳： 复核： 制单：

记账凭证

年 月 日 第 号

摘要	总账科目	明细科目	借方金额									贷方金额									记账
			百	十	万	千	百	十	元	角	分	百	十	万	千	百	十	元	角	分	
合计																					

附单据 张

会计主管： 记账： 出纳： 复核： 制单：

记账凭证

年 月 日 第 号

摘要	总账科目	明细科目	借方金额									贷方金额									记账
			百	十	万	千	百	十	元	角	分	百	十	万	千	百	十	元	角	分	
合计																					

附单据 张

会计主管： 记账： 出纳： 复核： 制单：

记账凭证

年 月 日 第 号

摘要	总账科目	明细科目	借方金额									贷方金额									记账
			百	十	万	千	百	十	元	角	分	百	十	万	千	百	十	元	角	分	
合计																					

附单据 张

会计主管： 记账： 出纳： 复核： 制单：

记账凭证

年 月 日 第 号

摘要	总账科目	明细科目	借方金额									贷方金额									记账
			百	十	万	千	百	十	元	角	分	百	十	万	千	百	十	元	角	分	
合计																					

附单据 张

会计主管： 记账： 出纳： 复核： 制单：

记账凭证

年 月 日 第 号

摘要	总账科目	明细科目	借方金额									贷方金额									记账
			百	十	万	千	百	十	元	角	分	百	十	万	千	百	十	元	角	分	
合计																					

附单据 张

会计主管： 记账： 出纳： 复核： 制单：

记账凭证

年 月 日 第 号

摘要	总账科目	明细科目	借方金额									贷方金额									记账
			百	十	万	千	百	十	元	角	分	百	十	万	千	百	十	元	角	分	
合计																					

附单据 张

会计主管： 记账： 出纳： 复核： 制单：

记账凭证

年 月 日 第 号

摘要	总账科目	明细科目	借方金额									贷方金额									记账
			百	十	万	千	百	十	元	角	分	百	十	万	千	百	十	元	角	分	
合计																					

附单据 张

会计主管： 记账： 出纳： 复核： 制单：

记账凭证

年 月 日 第 号

摘要	总账科目	明细科目	借方金额									贷方金额									记账
			百	十	万	千	百	十	元	角	分	百	十	万	千	百	十	元	角	分	
合计																					

附单据 张

会计主管： 记账： 出纳： 复核： 制单：

记账凭证

年 月 日　　　　第 号

摘要	总账科目	明细科目	借方金额									贷方金额									记账
			百	十	万	千	百	十	元	角	分	百	十	万	千	百	十	元	角	分	
合 计																					

附单据 张

会计主管：　　记账：　　出纳：　　复核：　　制单：

记账凭证

年 月 日　　　　第 号

摘要	总账科目	明细科目	借方金额									贷方金额									记账
			百	十	万	千	百	十	元	角	分	百	十	万	千	百	十	元	角	分	
合 计																					

附单据 张

会计主管：　　记账：　　出纳：　　复核：　　制单：

记账凭证

年 月 日　　　　第 号

摘要	总账科目	明细科目	借方金额									贷方金额									记账
			百	十	万	千	百	十	元	角	分	百	十	万	千	百	十	元	角	分	
合 计																					

附单据 张

会计主管：　　记账：　　出纳：　　复核：　　制单：

（二）登记库存现金日记账和银行存款日记账

库存现金日记账

年		凭证号	摘　要	对方账户	收　入	支　出	结　余
月	日						

银行存款日记账

年		凭证号	摘　要	对方账户	收　入	支　出	结　余
月	日						

（三）登记应付账款明细分类账和原材料明细分类账

应付账款明细分类账

会计科目：湘波公司 第1页

年		凭证号	摘要	借方									贷方									借或贷	余额								
月	日			百	十	万	千	百	十	元	角	分	百	十	万	千	百	十	元	角	分		百	十	万	千	百	十	元	角	分

应付账款明细分类账

会计科目：楚天公司 第2页

年		凭证号	摘要	借方									贷方									借或贷	余额								
月	日			百	十	万	千	百	十	元	角	分	百	十	万	千	百	十	元	角	分		百	十	万	千	百	十	元	角	分

原材料明细分类账

材料类别：主要材料 存放地点：1号仓库

材料名称：A材料 计量单位：千克

年		凭证号	摘要	借方（收入）			贷方（发出）			余额（结存）		
月	日			数量	单价	金额	数量	单价	金额	数量	单价	金额

原材料明细分类账

材料类别：主要材料 存放地点：2号仓库

材料名称：B材料 计量单位：千克

年		凭证号	摘要	借方（收入）			贷方（发出）			余额（结存）		
月	日			数量	单价	金额	数量	单价	金额	数量	单价	金额

（四）登记总分类账

总分类账

会计科目：库存现金　　　　　　　　　　　　　　　　　　　　　　第1页

年		凭证号	摘要	借方									贷方									借或贷	余额								
月	日			百	十	万	千	百	十	元	角	分	百	十	万	千	百	十	元	角	分		百	十	万	千	百	十	元	角	分

总分类账

会计科目：银行存款　　　　　　　　　　　　　　　　　　　　　　第2页

年		凭证号	摘要	借方									贷方									借或贷	余额								
月	日			百	十	万	千	百	十	元	角	分	百	十	万	千	百	十	元	角	分		百	十	万	千	百	十	元	角	分

总分类账

会计科目：应收账款　　　　第3页

年		凭证号	摘要	借方									贷方									借或贷	余额								
月	日			百	十	万	千	百	十	元	角	分	百	十	万	千	百	十	元	角	分		百	十	万	千	百	十	元	角	分

总分类账

会计科目：其他应收款　　　　第4页

年		凭证号	摘要	借方									贷方									借或贷	余额								
月	日			百	十	万	千	百	十	元	角	分	百	十	万	千	百	十	元	角	分		百	十	万	千	百	十	元	角	分

总分类账

会计科目：原材料　　　　第5页

年		凭证号	摘要	借方									贷方									借或贷	余额								
月	日			百	十	万	千	百	十	元	角	分	百	十	万	千	百	十	元	角	分		百	十	万	千	百	十	元	角	分

总分类账

会计科目：在途物资　　　　第6页

年		凭证号	摘要	借方									贷方									借或贷	余额							
月	日			百	十	万	千	百	十	元	角	分	百	十	万	千	百	十	元	角	分		百	十	万	千	百	十	元	角	分

总分类账

会计科目：生产成本　　　　第7页

年		凭证号	摘要	借方									贷方									借或贷	余额							
月	日			百	十	万	千	百	十	元	角	分	百	十	万	千	百	十	元	角	分		百	十	万	千	百	十	元	角	分

总分类账

会计科目：制造费用　　　　第8页

年		凭证号	摘要	借方									贷方									借或贷	余额							
月	日			百	十	万	千	百	十	元	角	分	百	十	万	千	百	十	元	角	分		百	十	万	千	百	十	元	角	分

总分类账

会计科目：库存商品 第9页

年		凭证号	摘要	借方									贷方									借或贷	余额								
月	日			百	十	万	千	百	十	元	角	分	百	十	万	千	百	十	元	角	分		百	十	万	千	百	十	元	角	分

总分类账

会计科目：固定资产 第10页

年		凭证号	摘要	借方									贷方									借或贷	余额								
月	日			百	十	万	千	百	十	元	角	分	百	十	万	千	百	十	元	角	分		百	十	万	千	百	十	元	角	分

总分类账

会计科目：累计折旧 第11页

年		凭证号	摘要	借方									贷方									借或贷	余额								
月	日			百	十	万	千	百	十	元	角	分	百	十	万	千	百	十	元	角	分		百	十	万	千	百	十	元	角	分

总分类账

会计科目：短期借款 第12页

年		凭证号	摘要	借方									贷方									借或贷	余额								
月	日			百	十	万	千	百	十	元	角	分	百	十	万	千	百	十	元	角	分		百	十	万	千	百	十	元	角	分

总分类账

会计科目：应付账款　　　　　　　　　　　　　　　　　　第13页

年		凭证号	摘要	借方									贷方									借或贷	余额								
月	日			百	十	万	千	百	十	元	角	分	百	十	万	千	百	十	元	角	分		百	十	万	千	百	十	元	角	分

总分类账

会计科目：应付职工薪酬　　　　　　　　　　　　　　　　第14页

年		凭证号	摘要	借方									贷方									借或贷	余额								
月	日			百	十	万	千	百	十	元	角	分	百	十	万	千	百	十	元	角	分		百	十	万	千	百	十	元	角	分

总分类账

会计科目：应交税费　　　　　　　　　　　　　　　　　　第15页

年		凭证号	摘要	借方									贷方									借或贷	余额								
月	日			百	十	万	千	百	十	元	角	分	百	十	万	千	百	十	元	角	分		百	十	万	千	百	十	元	角	分

总分类账

会计科目：应付利息　　　　第16页

年		凭证号	摘要	借方									贷方									借或贷	余额								
月	日			百	十	万	千	百	十	元	角	分	百	十	万	千	百	十	元	角	分		百	十	万	千	百	十	元	角	分

总分类账

会计科目：应付股利　　　　第17页

年		凭证号	摘要	借方									贷方									借或贷	余额								
月	日			百	十	万	千	百	十	元	角	分	百	十	万	千	百	十	元	角	分		百	十	万	千	百	十	元	角	分

总分类账

会计科目：实收资本　　　　第18页

年		凭证号	摘要	借方									贷方									借或贷	余额								
月	日			百	十	万	千	百	十	元	角	分	百	十	万	千	百	十	元	角	分		百	十	万	千	百	十	元	角	分

总分类账

会计科目：盈余公积　　　　第19页

年		凭证号	摘要	借方									贷方									借或贷	余额								
月	日			百	十	万	千	百	十	元	角	分	百	十	万	千	百	十	元	角	分		百	十	万	千	百	十	元	角	分

总分类账

会计科目：利润分配　　　　　　　　第20页

年		凭证号	摘要	借方									贷方									借或贷	余额								
月	日			百	十	万	千	百	十	元	角	分	百	十	万	千	百	十	元	角	分		百	十	万	千	百	十	元	角	分

总分类账

会计科目：本年利润　　　　　　　　第21页

年		凭证号	摘要	借方									贷方									借或贷	余额								
月	日			百	十	万	千	百	十	元	角	分	百	十	万	千	百	十	元	角	分		百	十	万	千	百	十	元	角	分

总分类账

会计科目：主营业务收入　　　　　　　　第22页

年		凭证号	摘要	借方									贷方									借或贷	余额								
月	日			百	十	万	千	百	十	元	角	分	百	十	万	千	百	十	元	角	分		百	十	万	千	百	十	元	角	分

总分类账

会计科目：其他业务收入　　　　第23页

年		凭证号	摘要	借方									贷方									借或贷	余额								
月	日			百	十	万	千	百	十	元	角	分	百	十	万	千	百	十	元	角	分		百	十	万	千	百	十	元	角	分

总分类账

会计科目：投资收益　　　　第24页

年		凭证号	摘要	借方									贷方									借或贷	余额								
月	日			百	十	万	千	百	十	元	角	分	百	十	万	千	百	十	元	角	分		百	十	万	千	百	十	元	角	分

总分类账

会计科目：营业外收入　　　　第25页

年		凭证号	摘要	借方									贷方									借或贷	余额								
月	日			百	十	万	千	百	十	元	角	分	百	十	万	千	百	十	元	角	分		百	十	万	千	百	十	元	角	分

总分类账

会计科目：主营业务成本　　　　第26页

年		凭证号	摘要	借方									贷方									借或贷	余额								
月	日			百	十	万	千	百	十	元	角	分	百	十	万	千	百	十	元	角	分		百	十	万	千	百	十	元	角	分

总分类账

会计科目：其他业务成本　　　　第27页

年		凭证号	摘要	借方									贷方									借或贷	余额								
月	日			百	十	万	千	百	十	元	角	分	百	十	万	千	百	十	元	角	分		百	十	万	千	百	十	元	角	分

总分类账

会计科目：税金及附加　　　　第28页

年		凭证号	摘要	借方									贷方									借或贷	余额								
月	日			百	十	万	千	百	十	元	角	分	百	十	万	千	百	十	元	角	分		百	十	万	千	百	十	元	角	分

总分类账

会计科目：销售费用　　　　第29页

年		凭证号	摘要	借方									贷方									借或贷	余额								
月	日			百	十	万	千	百	十	元	角	分	百	十	万	千	百	十	元	角	分		百	十	万	千	百	十	元	角	分

总分类账

会计科目：管理费用　　　　第30页

年		凭证号	摘要	借方									贷方									借或贷	余额								
月	日			百	十	万	千	百	十	元	角	分	百	十	万	千	百	十	元	角	分		百	十	万	千	百	十	元	角	分

总分类账

会计科目：财务费用　　　　第31页

年		凭证号	摘要	借方									贷方									借或贷	余额								
月	日			百	十	万	千	百	十	元	角	分	百	十	万	千	百	十	元	角	分		百	十	万	千	百	十	元	角	分

总分类账

会计科目：营业外支出　　　　第32页

年		凭证号	摘要	借方									贷方									借或贷	余额								
月	日			百	十	万	千	百	十	元	角	分	百	十	万	千	百	十	元	角	分		百	十	万	千	百	十	元	角	分

总分类账

会计科目：所得税费用 第33页

年		凭证号	摘要	借方									贷方									借或贷	余额								
月	日			百	十	万	千	百	十	元	角	分	百	十	万	千	百	十	元	角	分		百	十	万	千	百	十	元	角	分

（五）编制总分类账本期发生额和余额试算平衡表

总分类账户本期发生额和余额试算平衡表

单位：元

账户名称	期初余额		本期发生额		期末余额	
	借方	贷方	借方	贷方	借方	贷方
库存现金						
银行存款						
应收账款						
其他应收款						
原材料						
在途物资						
生产成本						
制造费用						
库存商品						
固定资产						
累计折旧						
短期借款						
应付账款						
应付职工薪酬						
应交税费						
应付利息						
应付股利						
实收资本						
盈余公积						
利润分配						
本年利润						
主营业务收入						
其他业务收入						
投资收益						
营业外收入						
主营业务成本						
其他业务成本						
税金及附加						
销售费用						
管理费用						
财务费用						
营业外支出						
所得税费用						
合计						

（六）编制金海公司资产负债表和利润表

资产负债表

会企01表

编制单位：　　　　年　月　日　　　　单位：元

资　产	期末余额	年初余额	负债和所有者权益（或股东权益）	期末余额	年初余额
流动资产：		略	流动负债：		略
货币资金			短期借款		
交易性金融资产			交易性金融负债		
衍生金融资产			衍生金融负债		
应收票据			应付票据		
应收账款			应付账款		
预付款项			预收款项		
其他应收款			合同负债		
存货			应付职工薪酬		
合同资产			应交税费		
持有待售资产			其他应付款		
一年内到期的非流动资产			持有待售负债		
其他流动资产			一年内到期的非流动负债		
流动资产合计			其他流动负债		
非流动资产：			流动负债合计		
债权投资			非流动负债：		
其他债权投资			长期借款		
长期应收款			应付债券		
长期股权投资			其中：优先股		
其他权益工具投资			永续债		
其他非流动金融资产			长期应付款		
投资性房地产			预计负债		
固定资产			递延收益		
在建工程			递延所得税负债		
生产性生物资产			其他非流动负债		
油气资产			非流动负债合计		
无形资产			负债合计		
开发支出			所有者权益（或股东权益）：		
商誉			实收资本（或股本）		
长期待摊费用			其他权益工具		
递延所得税资产			其中：优先股		
其他非流动资产			永续债		
非流动资产合计			资本公积		
			减：库存股		
			其他综合收益		
			盈余公积		
			未分配利润		
			所有者权益（或股东权益）合计		
资产总计			负债和所有者权益（或股东权益）总计		

利 润 表

会企02表

编制单位： 年 月 单位：元

项 目	本期金额	上期金额
一、营业收入		略
减：营业成本		
税金及附加		
销售费用		
管理费用		
研发费用		
财务费用		
其中：利息费用		
利息收入		
资产减值损失		
信用减值损失		
加：其他收益		
投资收益（损失以“－”号填列）		
其中：对联营企业和合营企业的投资收益		
净敞口套期收益（损失以“-”号填列）		
公允价值变动收益（损失以“－”号填列）		
资产处置收益（损失以“-”号填列）		
二、营业利润（亏损以“－”号填列）		
加：营业外收入		
减：营业外支出		
三、利润总额（亏损总额以“-”号填列）		
减：所得税费用		
四、净利润（净亏损以“-”号填列）		
（一）持续经营净利润（净亏损以“-”号填列）		
（二）终止经营净利润（净亏损以“-”号填列）		
五、其他综合收益的税后净额		
（一）不能重分类进损益的其他综合收益		
（二）将重分类进损益的其他综合收益		
六、综合收益总额		
七、每股收益：		
（一）基本每股收益		
（二）稀释每股收益		

参考答案

模拟测试（一）

题号	一	二	三	四	五	六	总分	计分人
分值	8	10	16	10	48	8	100	
得分								

一、填空题（每空1分，共8分）

1.会计的基本职能是________和________。

2.将现金送存银行时，一般只填制________________。

3.会计账簿按其用途不同，可以分为________、________和________。

4.进行财产清查时，库存现金的清查方法是________。

5.各种账务处理程序的主要区别在于________的依据不同。

二、单项选择题（每小题1分，共10分）

1.某企业月初资产总额为1 600万元，负债总额为600万元。当月购入设备一台，价值10万元，款项未付。则该企业（　　）。

A.资产与所有者权益变为1 600万元和1 010万元

B.资产与负债变为1 610万元和610万元

C.资产总额未变

D.负债和所有者权益总额未变

2.下列项目中，不属于会计核算基本前提的是（　　）。

A.会计主体　　B.持续经营

C.历史成本　　D.货币计量

3.借贷记账法的记账规则是（　　）。

A.有增必有减，增减必相等　　B.有借必有贷，借贷必相等

C.有收必有付，收付必相等　　D.以上都是

4.原始凭证可作为（　　）的登记依据。

A.明细分类账　　B.财务会计报表

C.总分类账　　D.科目汇总表

5.根据权责发生制的原则，可以在当期确认收入的是（　　）。

A.预收客户的货款　　B.本期赊销商品

C.收到客户交来的包装物押金　　D.收到客户上年度所欠的货款

6.会计信息的（　　）质量特征要求依据经济交易或事项的实质和经济现实，而不仅依据其法律形式来记录和报告经济交易与事项。

A.重要性　　B.实质重于形式

C.可理解性　　D.相关性

7.下列账户的期末余额一定为零的是（　　）。

A.应收账款　　B.应付账款

C.实收资本　　D.其他业务收入

8.原材料、库存商品的明细账一般采用的账页格式是（　　）。

A.三栏式　　B.多栏式

C.数量金额式　　D.订本式

9.下列项目中，不属于制造费用的是（　　）。

A.车间管理人员的薪酬　　B.车间发生的机器设备折旧费

C.车间原材料的一般性耗费　　D.为生产甲产品所耗费的材料

10.在各种账务处理程序中，最基本的账务处理程序是（　　）。

A.记账凭证账务处理程序　　B.汇总记账凭证账务处理程序

C.科目汇总表账务处理程序　　D.日记总账账务处理程序

三、多项选择题（每小题2分，共16分）

1.有关原始凭证的下列做法中，正确的有（　　）。

A.原始凭证要用蓝黑墨水笔书写

B.对自制原始凭证加盖单位公章

C.外来的原始凭证发现有金额错误，要求开出单位重开

D.对经济合同等重要的原始凭证不附在记账凭证后，单独保管

2.总账与所属明细账平行登记后，二者的对应关系是（　　）。

A.总分类账本期借方发生额等于所属明细账借方发生额合计

B.总分类账本期借方登记的数量等于所属明细账借方数量合计

C.总分类账本期贷方发生额等于所属明细账贷方发生额合计

D.总分类账的期末余额等于所属明细账的期末余额合计

3.更换财产保管员时对其保管的财产物资等进行清查，属于（　　）。

A.全面清查　　B.局部清查

C.不定期清查　　D.定期清查

4.下列项目中，属于未达账项的有（　　）。

A.企业开出支票购买材料，已记银行存款减少，银行尚未记账

B.企业收到支票存入银行，已记银行存款增加，银行尚未记账

C.企业与购买单位签订合同，金额10 000元

D.银行代企业支付水费，已记银行存款减少，企业尚未入账

5.下列项目中，属于期间费用的有（　　）。

A.管理费用　　B.制造费用

C.销售费用　　D.生产成本

6.资产、负债、所有者权益、收入、费用和利润六大会计要素可分为反映（　　）两类会计要素。

A.财务状况　　B.财产物资

C.生产成本　　　　D.经营成果

7.采用实地盘存制时，企业财产物资账簿的登记方法是（　　）。

A.平时登记增加数　　　　B.平时不登记增加数

C.平时登记减少数　　　　D.平时不登记减少数

8.订本式账簿一般适用于（　　）。

A.总分类账　　　　B.明细分类账

C.库存现金日记账和银行存款日记账　　　　D.备查账

四、判断题（每小题1分，共10分）

1.我国会计年度自公历1月1日起至12月31日止。（　　）

2.企业与供应单位签订了10万元的购货合同，据此可以确认企业资产和负债同时增加10万元。（　　）

3.只要银行存款日记账与银行对账单余额不符，就说明企业或银行的账簿记录有错误。（　　）

4.凡是库存现金或银行存款增加的经济业务都必须填制收款凭证。（　　）

5.企业既要设置总账和明细账，也要设置库存现金日记账和银行存款日记账。（　　）

6.收入的取得既可能导致资产增加，也可能导致负债减少。（　　）

7.所有记账凭证都必须附原始凭证。（　　）

8.利润表是反映企业在特定日期利润（亏损）实现情况的会计报表。（　　）

9.新的会计年度开始时，必须更换全部账簿，不得只更换总账和库存现金日记账、银行存款日记账。（　　）

10.所有的总分类科目下都必须开设明细分类科目。（　　）

五、业务分录题（每小题2分，共48分）

假设金麓公司只生产甲产品，202×年12月初各账户的期初余额如下：

各账户的期初余额

单位：元

账户名称	借方余额	账户名称	贷方余额
库存现金	3 800	累计折旧	100 000
银行存款	20 400	短期借款	50 000
应收账款	85 000	应付账款	32 200
原材料	60 000	实收资本	450 000
库存商品	35 000	本年利润	50 000
固定资产	478 000		
合计	682 200	合计	682 200

该企业12月份发生如下经济业务：

（1）5日，购入原材料10 000元，增值税税额为1 300元，材料收到并验收入库，货款以银行存款支付。

（2）7日，领用原材料30 160元，生产甲产品领用28 000元，车间一般消耗2 160元。

（3）9日，收到购货单位前欠货款20 000元，存入银行。

（4）10日，销售甲产品一批，价款70 000元，增值税税额9 100元，收到款项65 000元存入银行，其余款项未收到。

（5）14日，以银行存款偿付前欠供应商货款24 000元。

（6）19日，以库存现金支付本月行政管理部门的电话费1 300元，相关税费忽略不计。

（7）25日，收到对外投资的股息5 000元，存入银行。

（8）27日，以银行存款支付本月水电费2 400元，其中生产车间耗用2 000元，行政管理部门耗用400元，相关税费忽略不计。

（9）28日，以库存现金支付销售产品的运输费2 000元，相关税费忽略不计。

（10）28日，收到供应商违反合同的违约金5 000元，存入银行。

（11）29日，以银行存款向贫困地区小学捐赠10 000元。

（12）31日，计算分配本月职工工资24 000元，其中甲产品生产工人15 000元，车间管理人员4 000元，行政管理人员5 000元。

（13）31日，按本月职工工资总额的25%计提社会保险费，按本月职工工资总额的10%计提住房公积金。

（14）31日，计提本月固定资产折旧费8 200元，其中车间固定资产应计提折旧6 600元，行政管理部门固定资产应计提折旧1 600元。

（15）31日，以银行存款支付本月短期借款利息2 250元。

（16）31日，将本月发生的制造费用16 160元结转为甲产品的生产成本。

（17）31日，结转本月完工甲产品的生产成本58 900元。

（18）31日，结转本月销售甲产品的生产成本32 000元。

（19）31日，销售的甲产品为应税消费品，确认本月应交消费税7 000元，城市维护建设税490元，教育费附加210元。

（20）31日，将本月的收入类损益账户结转至“本年利润”账户。

（21）31日，将本月的费用类损益账户结转至“本年利润”账户。

（22）31日，按本月利润总额的25%计算确认本月的所得税费用4 000元（假设该企业按月确认所得税费用且不存在纳税调整事项）；将所得税费用结转至“本年利润”账户。

（23）31日，将本年度实现的净利润结转到“利润分配”账户，其中本年1—11月的净利润为50 000元。

（24）31日，按本年净利润的10%提取盈余公积；向投资者分配利润25 000元，拟定于下年度3月31日前支付。

六、计算分析题（每个表4分，共8分）

根据前面第五题中的资料，编制金麓公司202×年12月利润表（简表）和202×年12月31日资产负债表（简表）。

利润表（简表）

编制单位：金麓公司　　202×年12月　　单位：元

项目	金额
一、营业收入	
减：营业成本	
税金及附加	
销售费用	
管理费用	
研发费用	
财务费用	
加：其他收益	
投资收益	
公允价值变动收益	
资产处置收益	
二、营业利润	
加：营业外收入	
减：营业外支出	
三、利润总额	
减：所得税费用	
四、净利润	

资产负债表（简表）

编制单位：金麓公司　　202×年12月31日　　单位：元

资产	年初数	期末数	负债和所有者权益	年初数	期末数
流动资产：	略		流动负债：	略	
货币资金			短期借款		
应收账款			应付账款		
存货			应付职工薪酬		
流动资产合计			应交税费		
非流动资产：			其他应付款		
固定资产			流动负债合计		
非流动资产合计			所有者权益：		
			实收资本		
			盈余公积		
			未分配利润		
			所有者权益合计		
资产总计			负债和所有者权益总计		

参考答案

模拟测试（二）

题号	一	二	三	四	五	六	总分	计分人
分值	8	10	16	10	46	10	100	
得分								

一、填空题（每空1分，共8分）

1.会计目标的两种观点是________、________。

2.财产物资的盘存制度有________和________。

3.会计凭证按用途和填制程序不同分为________、________。

4.对账的内容主要有________、账账核对和________。

二、单项选择题（每小题1分，共10分）

1.属于空间范围的假设的有（　　）。

A.会计主体假设　　B.货币计量假设

C.会计分期假设　　D.持续经营假设

2.“生产成本”科目属于会计要素中（　　）的内容。

A.资产　　B.负债

C.费用　　D.收入

3.下列关于负债及所有者权益类科目期末余额的表述中，正确的是（　　）。

A.一般在借方　　B.一般在借方和贷方

C.一般在贷方　　D.一般无余额

4.某企业资产总额为150万元，在向银行借款10万元并存入银行、用银行存款偿还应付账款15万元后，其权益总计为（　　）。

A.145万元　　B.175万元

C.155万元　　D.125万元

5.借贷记账法的记账符号“借”对下列账户表示增加的是（　　）。

A.实收资本　　B.主营业务收入

C.应付账款　　D.应收账款

6.按账户与财务报表的关系分类，下列不属于资产负债表账户的是（　　）。

A.资产类账户　　B.负债类账户

C.所有者权益类账户　　D.损益类账户

7.下列项目中，不能作为原始凭证调整账面金额的是（　　）。

A.银行存款余额调节表　　B.账存实存对比表

C.库存现金盘点报告表　　D.固定资产清查盘盈盘亏报告表

8.当会计凭证本身正确而账簿记录中的文字或数字有误时应采用（　　）。

A.划线更正法　　B.红字更正法

C.蓝字更正法　　D.补充登记法

9.各种账务处理程序的区别主要是（　　）。

A.填制记账凭证的依据不同　　B.登记明细账的依据不同

C.登记总分类账的依据不同　　D.编制会计报表的依据和方法不同

10.我国会计规范体系的最高层次是（　　）。

A.《会计基础工作规范》　　B.《企业会计准则》

C.《企业会计制度》　　D.《中华人民共和国会计法》

三、多项选择题（每小题2分，共16分）

1.会计的计量属性有（　　）。

A.历史成本　　B.重置成本

C.公允价值　　D.可变现净值

2.属于流动负债的是（　　）。

A.应付债券　　B.预付账款

C.应付账款　　D.预收账款

3.下列项目中，属于无形资产的有（　　）。

A.专利权　　B.土地使用权

C.应收账款　　D.非专利技术

4.下列各项中，属于期间费用的是（　　）。

A.制造费用　　B.销售费用

C.管理费用　　D.财务费用

5.总账账户和所属明细分类账户的平行登记要点是（　　）。

A.会计期间相同　　B.记账方向相同

C.记账金额相等　　D.以上都不是

6.下列账户按用途和结构分类，属于盘存账户的有（　　）。

A.生产成本　　B.银行存款

C.实收资本　　D.工程物资

7.下列各项税费中，可以计入税金及附加的有（　　）。

A.增值税　　B.消费税

C.教育费附加　　D.城市维护建设税

8.下列账簿中可以采用多栏式账页格式的是（　　）。

A.库存商品总账　　B.原材料明细账

C.主营业务收入明细账　　D.销售费用明细账

四、判断题（每小题1分，共10分）

1.我国《会计法》规定，会计核算必须以人民币为记账本位币。（　　）

2.谨慎性原则要求不得多计费用和负债，不得少计收益和资产。（　　）

3.企业的资金来源不外乎两个方面，即投资者投入和企业盈利。 ( )

4.预收账款和预付账款都属于负债。 ( )

5.一项经济业务的发生引起负债增加和所有者权益减少，会计基本等式的平衡关系没有被破坏。 ( )

6.借贷记账法的记账规则可概括为：有借必有贷，借贷必相等。 ( )

7.记账凭证应根据审核无误的原始凭证或原始凭证汇总表编制。 ( )

8.一般来说，总账、日记账和多数明细账都应当每年更换一次。 ( )

9.“银行存款余额调节表”可以作为原始凭证用来调整企业“银行存款”账户的金额。 ( )

10.年末对企业所有的财产物资进行清查，从时间上看属于不定期清查，从范围上看属于全面清查。 ( )

五、业务分录题（每小题2分，共46分）

假设金麓公司202×年12月发生以下经济业务，请编制相应的会计分录。

（1）购进A材料100千克，单价为100元/千克，增值税税额为1 300元，材料未入库，货款已通过银行支付。

（2）上述A材料验收入库。

（3）从银行借入3个月期的贷款500 000元并存入银行。

（4）行政管理人员肖万出差前借支现金3 000元。

（5）行政管理人员肖万出差回来报账，退回现金200元，相关税费忽略不计。

（6）结算本月工资，其中甲产品生产工人工资30 000元，乙产品生产工人工资20 000元，车间管理人员工资30 000元，行政管理人员工资20 000元。

（7）按本月职工工资总额的25%计提社会保险费，按本月职工工资总额的10%计提住房公积金。

（8）本月消耗A材料80 000元，其中甲产品生产耗用20 000元，乙产品生产耗用40 000元，生产车间一般耗用20 000元。

（9）计提本月固定资产折旧，其中生产车间折旧费50 000元，行政管理部门折旧费30 000元。

（10）按生产工时比例分配生产车间本月发生的制造费用，其中甲产品生产工时1 600小时，乙产品生产工时2 400小时。

（11）假设该公司生产的甲、乙两种产品月初均没有在产品，本月投产的甲产品全部完工验收入库，乙产品全部未完工，结转完工甲产品的成本。

（12）本月销售甲产品100台，销售单价2 000元/台，增值税税额为26 000元，价税款尚未收到。

（13）结转上述100台甲产品的销售成本，单位成本为600元/台。

（14）按照合同规定通过银行支付合同违约金10 000元。

（15）以银行存款支付本月产品宣传广告费5 000元，相关税费忽略不计。

（16）以银行存款支付第四季度的利息9 000元，其中10月、11月的利息6 000元分别在10月、11月已预提。

（17）将收入类损益账户本月发生额结转到“本年利润”账户。

（18）将费用类损益账户本月发生额结转到“本年利润”账户。

（19）计算并确认本年应缴纳的企业所得税（税率25%），假设该公司12月初“本年利润”账户贷方余额为687 800元，且不存在所得税纳税调整事项。

（20）将确认的本年度所得税费用结转至“本年利润”账户。

（21）将本年的净利润结转至“利润分配”账户。

（22）按本年净利润的10%提取盈余公积。

（23）向投资者分配利润30 000元，拟定于下年度3月31日前支付。

六、计算分析题（每小题5分，共10分）

1.金麓公司202×年10月31日银行存款日记账余额为53 450元，银行对账单余额为51 030元。银行存款日记账和银行对账单所列10月下旬相关业务如下：

（1）银行存款日记账记录的经济业务：

21日开出08537号转账支票，支付前欠A公司货款11 700元；

24日开出08538号转账支票，支付B公司原材料采购款58 500元；

25日收到购货单位支付货款的转账支票23 400元，存入银行；

26日开出08539号转账支票，支付C公司本月办公室租金3 000元；

27日开出08540号转账支票，支付购买办公用品款980元。

（2）银行对账单所列经济业务：

23日收到企业开具的08537号转账支票，款项11 700元；

25日收到企业开具的08538号转账支票，款项58 500元；

26日为企业代付电话费、水电费1 050元；

30日收到外地企业汇来的购货款17 550元；

31日结算企业本月银行存款利息500元。

请根据上述资料编制银行存款余额调节表。

银行存款余额调节表

202×年10月31日

单位：元

项 目	金 额	项 目	金 额
银行存款日记账余额		银行对账单余额	
加：银行已收企业未收		加：企业已收银行未收	
1.		1.	
2.		2.	
减：银行已付企业未付		减：企业已付银行未付	
1.		1.	
2.		2.	
调节后的余额		调节后的余额	

2.假设金麓公司适用的所得税税率为25%，202×年有关账户发生额如下表所示，其中投资收益包括国债利息收入50 000元。请根据资料计算金麓公司202×年的营业利润、利润总额、所得税费用、净利润。

202×年12月份有关账户发生额　　　　单位：元

账户名称	借方发生额	账户名称	贷方发生额
主营业务成本	650 000	主营业务收入	1 600 000
其他业务成本	60 000	其他业务收入	100 000
生产成本	350 000	投资收益	100 000
税金及附加	45 000	营业外收入	15 000
销售费用	150 000		
管理费用	120 000		
财务费用	80 000		
制造费用	160 000		
营业外支出	18 000		

（1）营业利润=

（2）利润总额=

（3）所得税费用=

（4）净利润=

参考答案

模拟测试（三）

题号	一	二	三	四	五	六	总分	计分人
分值	8	10	16	10	46	10	100	
得分								

一、填空题（每空1分，共8分）

1.借贷记账法的记账规则是________________，________________。

2.我国《企业会计准则——基本准则》严格定义了六大会计要素，其中属于资产负债表要素的是________________、________________和________________。

3.按照企业从事日常活动的重要性，可将企业的营业收入分为：________________、________________。

4.无法收回的应收款项，经批准后做________________处理。

二、单项选择题（每小题1分，共10分）

1.实收资本、资本公积等属于会计要素中（　　）的内容。

A.资产　　B.负债

C.所有者权益　　D.收入

2.某企业当月投产的产品当月全部生产完工并且销售完毕，账务处理误将车间管理人员工资计入管理费用，则当月的产品销售成本是（　　）。

A.偏高　　B.偏低

C.不高不低　　D.可能偏高也可能偏低

3.企业在记录原材料、库存商品等存货时，采用的明细账格式通常是（　　）。

A.多栏式明细账　　B.三栏式明细账

C.数量金额式明细账　　D.横线登记式明细账

4.对一项交易或事项，既在有关的总账账户中进行总括登记，又在这些总账账户所属的明细分类账户中详细登记的做法称为（　　）。

A.复式记账　　B.账簿登记

C.会计记录　　D.平行登记

5.下列项目中，不属于原始凭证的是（　　）。

A.收料单　　B.盘存单

C.银行存款余额调节表　　D.现金盘点报告单

6.企业月初总资产300万元，本月发生下列经济业务：赊购材料10万元；用银行存款偿还借款20万元；收到购货单位偿还欠款15万元。则月末资产总额为（　　）。

A.310万元　　B.290万元

C.295万元　　　　D.305万元

7.按经济内容分类，“制造费用”账户属于（　　）。

A.资产类账户　　　　B.损益类账户

C.负债类账户　　　　D.成本类账户

8.企业对经济业务进行会计确认、计量和报告时不应高估资产或收益、低估负债或者费用，这体现了会计信息质量的（　　）。

A.可比性原则　　　　B.重要性原则

C.谨慎性原则　　　　D.及时性原则

9.会计是以（　　）为主要计量单位，反映与监督一个单位的经济活动的一种经济管理工作。

A.实物　　　　B.货币

C.工时　　　　D.劳动耗费

10.在月末结账前发现所填制的记账凭证无误，根据记账凭证登记账簿时，将3 579元误记为5 379元，则更正时应采用的错账更正方法是（　　）。

A.平行登记法　　　　B.红字更正法

C.补充登记法　　　　D.划线更正法

三、多项选择题（每小题2分，共16分）

1.企业生产经营过程中的期间费用包括（　　）。

A.管理费用　　　　B.制造费用

C.生产成本　　　　D.财务费用

2.下列经济业务中，会引起资产和负债同时变化的是（　　）。

A.以银行存款购买材料　　　　B.以银行存款对外投资

C.以银行存款清偿所欠货款　　　　D.取得借款并存入银行

3.多栏式明细分类账的账页格式适用于（　　）。

A.应收账款　　　　B.管理费用

C.产品销售收入　　　　D.在途物资

4.借贷记账法下，账户的借方登记（　　）。

A.资产增加　　　　B.资产减少

C.所有者权益增加　　　　D.所有者权益减少

5.银行存款日记账与银行对账单的余额不一致，原因可能是（　　）。

A.银行记账错误　　　　B.企业记账错误

C.存在未达账项　　　　D.存在应付账款

6.企业税后利润分配的内容包括（　　）。

A.提取盈余公积　　　　B.向投资者分配利润

C.提取奖励基金　　　　D.向职工分配利润

7.下列账户中，属于成本类账户的是（　　）。

A.在途物资　　　　B.生产成本

C.制造费用　　　　D.主营业务成本

8.收入的取得可能会影响的会计要素是（　　）。

A.资产　　B.负债

C.所有者权益　　D.费用

四、判断题（每小题1分，共10分）

1.会计的对象就是会计主体的资金运动。（　　）

2.会计分析不属于会计核算方法体系。（　　）

3.运输途中的合理损耗不包括在材料的采购成本中。（　　）

4.借贷记账法下，负债类与损益类账户的借方都是表示减少。（　　）

5.增值税是销售收入的一个抵减项目。（　　）

6.企业在往来款项清查中发现的无法支付的应付账款，应计入营业外收入。（　　）

7.所有的记账凭证都必须附有原始凭证。（　　）

8.会计的基本职能是记录和报告。（　　）

9.登记明细分类账的依据是会计分录。（　　）

10.库存现金日记账和银行存款日记账必须采用订本式账簿。（　　）

五、业务分录题（每小题2分，共46分）

1.金麓公司202×年11月采购、生产、销售环节发生下列业务，请编制相应的会计分录。

（1）购进材料2 000千克，增值税专用发票注明价款80 000元，增值税税额10 400元，款项通过银行支付，材料收到，将其验收入库，结转材料采购成本。

（2）销售甲产品1 500件给甲公司，价款600 000元，增值税税额78 000元，价税款合计678 000元尚未收到。

（3）出售原材料一批，价值8 000元，增值税税额1 040元，款项收到并存入银行。

（4）结转出售材料的实际成本6 000元。

（5）行政部经理李东方出差回厂报销差旅费1 500元，退回现金100元，结清借支的差旅费1 600元，相关税费忽略不计。

（6）通过银行支付应由生产车间负担的财产保险费1 000元、应由行政管理部门负担的财产保险费500元，相关税费忽略不计。

（7）根据工资费用分配表，分配本月工资费用107 000元，其中甲产品生产工人工资费用60 000元，乙产品生产工人工资费用40 000元，车间管理部门工资费用3 000元，行政管理部门工资费用4 000元。

（8）按本月职工工资总额的25%计提社会保险费，按本月职工工资总额的10%计提住房公积金。

（9）根据耗用材料汇总表，分配本月材料费用85 000元，其中甲产品生产耗用45 000元，乙产品生产耗用30 000元，车间管理部门耗用6 000元，行政管理部门耗用4 000元。

（10）根据固定资产折旧计算表，计提本月固定资产折旧18 400元，其中车间管理部门固定资产应计提折旧14 000元，行政管理部门固定资产应计提折旧4 400元。

（11）结转分配本月的制造费用15 450元，按照甲、乙两种产品生产工人工资比例分配。

（12）甲产品和乙产品月初没有在产品，两种产品本月投产月底全部完工并验收入库，结转本月完工入库的甲产品成本和乙产品成本。

（13）结转本月已销甲产品的成本198 000元。

2.假设金麓公司202×年各损益类账户总分类账的发生额如下表所示，其中投资收益包括国债利息收入200 000元。

各损益类账户总分类账的发生额

单位：元

账户名称	借方发生额	账户名称	贷方发生额
主营业务成本	700 000	主营业务收入	2 600 000
其他业务成本	300 000	其他业务收入	400 000
税金及附加	100 000	投资收益	500 000
销售费用	100 000	营业外收入	40 000
管理费用	200 000		
财务费用	100 000		
营业外支出	20 000		

金麓公司202×年末需要调整的账项如下，请编制相应的会计分录。

（1）“待处理财产损溢”账户中，原材料盘亏5 000元，属于自然损耗，经领导审批后做费用予以转账处理。

（2）计提应由12月份负担的短期借款利息3 000元。

（3）年末计提坏账准备金，假设金麓公司202×年初坏账准备贷方余额为85 000元，当年发生坏账损失20 000元，年末应收账款余额为2 400 000元，该公司按应收账款余额百分比法计提坏账准备，估计坏账率为5%。

（4）将该公司本年收入类损益账户的发生额转入“本年利润”账户。

（5）将该公司本年费用类损益账户的发生额转入“本年利润”账户。

（6）金麓公司适用的所得税税率为25%，计算并确认金麓公司本年的所得税费用（《中华人民共和国企业所得税法》规定，坏账损失实际发生时才能从应纳税所得额中扣除）。

（7）结转所得税费用至“本年利润”账户。

（8）将本年的净利润由“本年利润”账户结转至“利润分配”账户。

（9）按本年净利润的10%提取盈余公积。

（10）分配给投资者现金股利100 000元，拟定于下年度6月30日前支付。

六、计算分析题（每空1分，共10分）

金麓公司202×年度进行利润分配后，“利润分配”账户的余额为45 000元。请分析并填列好资产负债表（简表）空格中的数字。

资产负债表（简表）

编制单位：金麓公司　　202×年12月31日　　单位：元

资产	期末数	负债和所有者权益	期末数
流动资产：		流动负债：	
货币资金	12 000	短期借款	
交易性金融资产		应付账款	35 000
应收账款	110 000	应交税费	15 000
存货	378 000	流动负债合计	
流动资产合计	600 000	非流动负债：	
非流动资产：		长期借款	100 000
固定资产		应付债券	
无形资产	100 000	非流动负债合计	150 000
非流动资产合计		负债合计	350 000
		所有者权益：	
		实收资本	500 000
		盈余公积	
		未分配利润	
		所有者权益合计	
资产总计		负债和所有者权益总计	1 000 000

参考答案

模拟测试（四）

题号	一	二	三	四	五	六	总分	计分人
分值	10	10	16	10	46	8	100	
得分								

一、填空题（每空1分，共10分）

1.会计要素是对____________按其经济特征的基本分类。

2.当企业收入、费用的收支期与归属期不一致时，有____________和____________两种会计处理基础。

3.产品的成本项目一般分：__________、__________、__________。

4.一套完整的财务报表至少应当包括__________、__________、__________、__________和附注，即“四表一注”。

二、单项选择题（每小题1分，共10分）

1.漏提固定资产折旧，会使当月（　　）。

A.费用和固定资产净值减少　　B.费用和固定资产净值增加

C.费用减少　　D.费用减少，利润也减少

2.账户按用途结构分类，“原材料”“库存商品”“固定资产”属于（　　）。

A.损益计算账户　　B.盘存账户

C.跨期摊配账户　　D.所有者权益类账户

3.将会计凭证划分为原始凭证和记账凭证两大类的依据是（　　）。

A.按填制单位的不同　　B.按填制方式的不同

C.按用途和填制程序的不同　　D.按填制方法的不同

4.对现金存入银行的业务，登记银行存款日记账的依据是（　　）。

A.现金收款凭证　　B.现金付款凭证

C.银行存款收款凭证　　D.银行存款付款凭证

5.月末，企业银行存款的实有余额是（　　）。

A.银行对账单的余额

B.企业银行存款日记账的余额

C.月末银行存款余额调节表调节后的余额

D.以上都不对

6.某企业本月利润表中的主营业务收入为3 000万元，主营业务成本为1 000万元，其他业务收入为600万元，其他业务成本为200万元，管理费用为400万元，财务费用为200万元，销售费用为100万元，则其营业利润为（　　）。

A.1 700万元　　B.2 100万元

C.2 300万元　　D.1 800万元

7.《企业会计准则——具体准则》属于（　　）。

A.会计法律规范　　B.会计行政法规

C.会计规章　　D.单位内部会计管理制度

8.科目汇总表账务处理程序登记总账的依据是（　　）。

A.科目汇总表　　B.汇总记账凭证

C.多栏式日记账　　D.记账凭证

9.编制资产负债表时，“应收票据”项目应根据（　　）填列。

A.“应收票据”总分类账的期末余额

B.“应收票据”总分类账的期末余额减去“坏账准备”科目的期末余额

C.根据“应收票据”账户的期末余额，减去“坏账准备”账户中有关应收票据计提的坏账准备后的金额

D.“应收票据”总分类账所属的各明细分类账的期末借方余额合计

10.下列项目中不属于原始凭证的有（　　）。

A.库存现金盘点报告表　　B.账存实存对比表

C.银行存款余额调节表　　D.固定资产清查盘盈盘亏报告表

三、多项选择题（每小题2分，共16分）

1.下列情况中需要对企业全部财产物资进行全面清查的有（　　）。

A.年终编制年度财务报表之前

B.按规定进行清产核资或资产评估

C.发生破产清算撤销合并改制等

D.发生重大经济违法事件

2.企业会计实务中，必须采用订本式账簿的有（　　）。

A.固定资产总账　　B.库存现金日记账

C.原材料总账　　D.银行存款日记账

3.下列项目中属于调整账户的有（　　）。

A.累计折旧　　B.材料成本差异

C.坏账准备　　D.在途物资

4.发生下列事项后，会计等式左右两边总额不发生变化的有（　　）。

A.企业用银行存款30 000元偿还其供货单位货款

B.企业以银行存款50 000元购入一批材料

C.企业由于资金周转困难，向银行借款300 000元归还拖欠货款

D.企业接受投资人投资200 000元

5.下列业务中，应填制转账凭证的是（　　）。

A.销售商品款项尚未收到　　B.从银行提取现金

C.以现金支付运杂费用　　D.结转本月完工入库产品成本

6.企业会计实务中，一般采用订本式账簿的有（　　）。

A.总分类账　　B.库存现金日记账

C.明细分类账　　D.银行存款日记账

7.下列说法中正确的是（　　）。

A.库存现金应做到日清月结

B.银行存款日记账应与银行对账单每月至少核对一次

C.贵重物品至少每月清查一次

D.各种债权债务每年至少清查一至两次

8.出纳岗位的工作职责主要包括（　　）。

A.办理现金收付和银行结算业务

B.登记库存现金和银行存款日记账

C.保管库存现金和各种有价证券

D.保管有关印章、空白收据和空白支票

四、判断题（每小题1分，共10分）

1.会计信息质量特征的谨慎性要求企业在面临不确定因素时保持应有的谨慎，充分估计到各种风险、损失和收益。（　　）

2.一个企业可以根据具体情况设定一个或若干个会计主体。（　　）

3.无论发生何种经济业务事项，都不会影响"资产=负债+所有者权益"这一恒等式。（　　）

4.复合会计分录是由简单会计分录复合而成的。因此，为简化会计核算工作，可将任何简单会计分录复合成复合会计分录。（　　）

5.如果用试算平衡方法检查账户记录结果是平衡的，说明账户记录没有记录错误或计算错误。（　　）

6."生产成本"账户在月末有余额的情况下，既属于成本计算账户，又属于盘存账户。（　　）

7.在一定时期内连续记载若干项同类经济业务，随着经济业务的陆续发生分次填制的原始凭证，在会计上称为累计凭证。（　　）

8.发现记账凭证金额错误，原始凭证无误，记账凭证尚未登记入账，应采用补充更正法进行更正。（　　）

9.企业在往来款项清查中发现的无法支付的应付账款，应计入营业外收入。（　　）

10.企业年末资产负债表中"未分配利润"项目的金额一定等于"利润分配"科目的年末余额。（　　）

五、业务分录题（每小题2分，共46分）

金麓公司202×年12月份发生的经济业务如下，请编制相应的会计分录：

（1）收到远洋公司投入的一台设备，经评估确认其价值为200 000元，相关税费忽略不计。根据投资协议，远洋公司该项投资在金麓公司享有的注册资本份额为100 000元。

（2）从银行取得6个月期借款500 000元，企业的银行存款户已收到该笔贷款。

（3）企业从普华公司购入A材料3 100千克，单价25元/千克，增值税专用发票注明价款为77 500元，增值税税额为10 075元，材料运费3 200元，增值税税额288元。款项均已通过银行支付，材料运到已验收入库。

（4）汇总本月发出A材料情况，其中生产甲产品领用10 000元，生产车间一般性耗用3 500元，行政管理部门领用1 200元，销售部门领用2 300元。

（5）分配本月职工工资45 000元，其中甲产品生产工人工资20 000元，生产车间管理人员工资8 000元，行政管理人员工资17 000元。

（6）按本月职工工资总额的25%计提社会保险费，按本月职工工资总额的10%计提住房公积金。

（7）计提本月固定资产折旧3 600元，其中制造部门固定资产应计提折旧2 200元，行政管理部门固定资产应计提折旧1 400元。

（8）以银行存款支付第四季度借款利息36 000元，其中10月、11月利息已在当月预提，本月应负担利息费用12 000元。

（9）将本月发生的制造费用16 500元结转为甲产品的成本。

（10）本月完工甲产品120件，结转其实际生产成本42 000元。

（11）销售甲产品250件，单价600元/件，增值税税额为19 500元，款项收到存入银行。

（12）以银行存款支付销售产品广告费2 400元，相关税费忽略不计。

（13）金麓公司经营的甲产品为应税消费品，消费税税率为10%，确认本月应交消费税15 000元以及应交城市维护建设税1 050元和教育费附加450元。

（14）结转本月已销甲产品的销售成本37 500元。

（15）转销本年度盘亏的A材料1 500元，其中500元属于原材料自然损耗，另有300元由于材料保管员工作失职造成，责成其赔偿，其余为非正常损失。

（16）行政部职工小王出差预借差旅费3 000元，以现金支付。

（17）月末将本月收入类损益账户的发生额转入“本年利润”账户。

（18）月末将本月费用类损益账户的发生额转入“本年利润”账户。

（19）假设金麓公司202×年12月初“本年利润”账户贷方余额为693 450元，全年无纳税调整事项，所得税税率25%，计算并确认本年所得税费用。

（20）将本年的所得税费用结转至“本年利润”账户。

（21）计算本年度的净利润并将其结转至“利润分配”账户。

（22）按本年净利润的10%提取盈余公积，向投资者分配利润250 000元，拟定于下年度3月31日前支付。

（23）因扩大经营规模需要，将资本公积100 000元转增为资本，已办妥法定增资手续。

六、计算分析题（共8分）

根据前述第五题中金麓公司202×年12月发生的经济业务及相应的会计分录，编制该公司202×年12月的科目汇总表。

科目汇总表

202×年12月 单位：元

会计科目	本期发生额（1—31日）	
	借方	贷方
库存现金		
银行存款		
其他应收款		
原材料		
库存商品		
生产成本		
制造费用		
固定资产		
累计折旧		
待处理财产损溢		
短期借款		
应交税费		
应付职工薪酬		
应付利息		
应付股利		
实收资本		
资本公积		
盈余公积		
利润分配		
本年利润		
主营业务收入		
主营业务成本		
管理费用		
财务费用		
销售费用		
税金及附加		
营业外支出		
所得税费用		
合计		

参考答案

模拟测试（五）

题号	一	二	三	四	五	六	总分	计分人
分值	8	10	16	10	48	8	100	
得分								

一、填空题（每空1分，共8分）

1.中外会计学界对会计本质问题两种主流学派的观点，分别是：＿＿＿＿＿＿＿＿＿＿和＿＿＿＿＿＿＿＿＿＿。

2.综合会计等式是＿＿＿＿＿＿＿＿＿＿。

3.原始凭证按来源不同，可分为＿＿＿＿＿＿和＿＿＿＿＿＿。

4.借贷记账法的试算平衡包括发生额试算平衡和余额试算平衡两个方面，其中发生额试算平衡是由＿＿＿＿＿＿＿＿＿＿决定的；余额试算平衡是由＿＿＿＿＿＿＿＿＿＿决定的。

5.会计工作岗位设置必须遵循＿＿＿＿＿＿＿＿＿＿，从而达到不同工作岗位之间相互牵制的作用。

二、单项选择题（每小题1分，共10分）

1.会计凭证分为原始凭证和记账凭证，是按其（　　）分类。

A.记录经济业务的内容　　B.填制程序和用途

C.格式　　D.填制方法

2.下列经济业务中，影响会计等式总额发生变化的是（　　）。

A.以银行存款50 000元购买材料

B.结转完工产品成本40 000元

C.购买机器设备20 000元，货款未付

D.收回客户所欠的货款30 000元

3.登记明细账的依据是（　　）。

A.汇总记账凭证　　B.记账凭证或原始凭证

C.原始凭证　　D.汇总原始凭证

4.某企业年初所有者权益总额为4 000万元，年内接受投资320万元。本年实现利润总额1 000万元，所得税税率为25%（假设不存在纳税调整事项），按净利润的10%提取盈余公积，则年末所有者权益总额为（　　）。

A.5 320万元　　B.4 995万元

C.5 070万元　　D.5 000万元

5.登记账簿后，发现据以记账的记账凭证中将900元误写为9 000元，更正错误的方

法是（　　）。

A.红字更正法　　B.补充登记法

C.划线更正法　　D.差额计算法

6.某企业11月初账户余额是在产品4 000元，产成品38 000元。11月份发生的直接材料、直接人工、制造费用45 000元，完工入库的产成品42 000元，发出产成品40 000元，盘盈产成品2 000元。11月末产成品账户余额是（　　）。

A.40 000元　　B.42 000元

C.7 000元　　D.38 000元

7.某企业为增值税一般纳税人，本期外购原材料一批，发票注明买价40 000元，增值税税额5 200元，入库前发生挑选整理费用2 000元，则该批材料的入账价值是（　　）。

A.40 000元　　B.42 000元

C.45 200元　　D.47 200元

8.下列关于会计信息质量特征的说法中，正确的是（　　）。

A.客观性是指必须有合法凭证作为会计处理的依据

B.可比性是指企业前后各期的会计信息必须口径一致，相互可比

C.可理解性是指企业提供的会计信息应当清晰明了，便于会计信息使用者理解和使用

D.谨慎性是指不得高估资产和收益，但要尽可能高估费用和损失

9.往来款项的清查一般采用（　　）。

A.实地盘点法　　B.技术推算盘点法

C.余额调节法　　D.函证核对法

10.在利润表中，主要按有关账户贷方发生额分析填列的是（　　）。

A.财务费用　　B.税金及附加

C.销售费用　　D.营业外收入

三、多项选择题（每小题2分，共16分）

1.下列经济业务中，应确认为债权的是（　　）。

A.预收销货款　　B.预付购货款

C.预支差旅费　　D.应收销售货款

2.关于“利润分配”账户，下列表述中正确的是（　　）。

A.借方登记实际分配的利润数额

B.年末结转后，本账户应无余额

C.年末结转后，借方余额表示未弥补的亏损

D.年末结转后，贷方余额表示未分配的利润

3.下列经济业务中，应记入“待处理财产损溢”账户借方的是（　　）。

A.盘盈的原材料

B.盘亏的原材料

C.发生的坏账损失

D.结转已批准处理的原材料盘盈数额

4.编制银行存款余额调节表时，计算调节后的余额应以企业银行存款日记账余

额（　）。

A.加企业未入账的收入款项　　B.减企业未入账的支出款项

C.加银行未入账的收入款项　　D.减银行未入账的支出款项

5.下列各账户中，包括在资产负债表“存货”项目中的是（　）。

A.工程物资　　B.原材料

C.生产成本　　D.库存商品

6.根据权责发生制，下列各项中属于本月费用的是（　）。

A.计算本月银行借款利息

B.以银行存款支付本月机器设备的日常修理费用

C.以银行存款预付下个月的材料货款

D.以银行存款支付以前年度拖欠的工程款

7.下列项目中，可以作为会计主体的是（　）。

A.独资企业　　B.合伙企业

C.企业集团　　D.分公司

8.下列项目中，构成产品成本的是（　）。

A.直接材料　　B.直接人工

C.制造费用　　D.管理费用

四、判断题（每小题1分，共10分）

1.静态会计等式体现了同一资金的两个不同侧面，即资金存在形态和资金来源渠道。（　）

2.企业用支票支付购货款时，应通过“应付票据”进行核算。（　）

3.将记账凭证分为原始凭证、转账凭证的依据是凭证填制的手续和凭证的来源渠道不同。（　）

4.结账之前，发现账簿中所记文字或数字有过账笔误或计算错误，而记账凭证并没有错，可用划线更正法更正。（　）

5.企业的所有者对企业的全部资产享有所有权。（　）

6.法律主体一定是会计主体，会计主体不一定是法律主体。（　）

7.收入类账户与费用类账户一般没有期末余额，但有期初余额。（　）

8.增值税是销售收入的一个抵减项目。（　）

9.对银行存款清查时出现的未达账项，可编制银行存款余额调节表来调整，该表是调节银行存款账面余额的原始凭证。（　）

10.在一项经济业务中，如果既涉及库存现金和银行存款的收付，又涉及转账业务，应同时填制收（或付）款凭证和转账凭证。（　）

五、业务分录题（每小题2分，共48分）

假设金麓公司是一家新成立的制造型企业，被税务局认定为一般纳税人，主要生产甲、乙两种产品并对外销售。202×年12月该公司发生如下业务，请对发生的经济业务编制会计分录。

（1）2日，接受湘江公司投入货币资金300 000元，已存入银行；接受湘诚公司投入全新设备一台，价值500 000元。根据投资协议，湘江公司、湘诚公司的投资在金麓公司享有的注册资本份额分别为180 000元和300 000元。

（2）4日，采购A材料2 000千克，单价为150元/千克，货款300 000元；采购B材料3 000千克，单价为190元/千克，货款570 000元；增值税专用发票注明的增值税税额为113 100元，价税款以银行存款支付，材料尚未运到。

（3）8日，采购A、B两种材料发生运费15 000元，增值税税额1 350元，款项以银行存款支付，两种材料共同发生的运费按重量比例分配。

（4）9日，上述采购的A材料和B材料验收入库，结转材料采购成本。

（5）10日，以24元/股的价格购买某上市公司的股票30 000股作为交易性金融资产持有，投资款为720 000元，并支付佣金和税费2 100元，所有款项以银行存款支付。

（6）18日，以银行存款支付广告费10 000元，相关税费忽略不计。

（7）20日，购入不需安装生产设备一台，买价200 000元，增值税税额26 000元，价税款通过银行支付。

（8）22日，将持有的30 000股某上市公司股票以28元/股的价格全部出售，取得价款840 000元，支付佣金和手续费用2 400元，相关款项收存银行。

（9）23日，销售甲产品600 000元，销售乙产品500 000元，增值税税额143 000元，产品已发出，价税款已收存银行。

（10）31日，结算本月电费，其中生产车间20 000元，行政部门10 000元，增值税税额3 900元，价税款尚未支付。

（11）31日，金麓公司销售的甲产品为应税消费品，消费税税率为10%，确认本月销售甲产品应缴纳的消费税为60 000元、城市维护建设税为4 200元、教育费附加为1 800元。

（12）31日，本月共计领用原材料80 000元，其中用于生产甲产品32 000元，生产乙产品28 000元，生产车间一般消耗15 000元，行政管理部门5 000元。

（13）31日，分配结转本月应付职工工资90 000元，其中甲产品生产工人工资40 000元，乙产品生产工人工资20 000元，生产车间管理人员8 000元，行政管理人员22 000元。

（14）31日，按本月职工工资总额的25%计提社会保险费，按本月职工工资总额的10%计提住房公积金。

（15）31日，计提本月固定资产折旧18 000元，其中生产车间固定资产应计提折旧13 000元，行政管理部门固定资产应计提折旧5 000元。

（16）31日，将本月生产车间发生的制造费用分配结转为甲、乙两种产品的生产成本，按两种产品生产工人的工资比例进行分配。

（17）31日，假设月初没有在产品，本月投产的甲产品和乙产品全部完工并已验收入库，结转本月完工甲产品、乙产品的成本。

（18）31日，结转本月已售产品成本，其中甲产品的销售成本为390 000元，乙产品的销售成本为325 000元。

（19）31日，该公司因未按期缴纳税款被税务机关加收税收滞纳金10 000元，以银行存款支付。

（20）31日，以银行存款支付第四季度借款利息15 000元，其中10月、11月利息已在当月预提，本月应负担利息费用5 000元。

（21）31日，将本月各损益类账户的发生额结转至“本年利润”账户。

（22）假设金麓公司202×年12月初“本年利润”账户贷方余额为6 414 800元，且1—11月无纳税调整事项，适用的所得税税率为25%，计算确认该公司本年的所得税费用，并将所得税费用结转至“本年利润”账户（《中华人民共和国企业所得税法》规定，税务机关征缴的税收滞纳金不能从应纳税所得额中扣除）。

（23）将本年的税后净利润转入“利润分配”账户。

（24）经股东大会决议，按本年净利润的10%提取盈余公积，向投资者分配现金股利2 000 000元，定于明年5月31日前支付。

六、计算分析题（每小题4分，共8分）

1.假设金麓公司202×年12月有关账户总分类账和明细分类账的余额资料见下表，请计算确定下列资产负债表项目的金额。

有关账户总分类账和明细分类账的余额资料

单位：元

账户名称	总分类账		明细分类账	
	借方	贷方	借方	贷方
应收账款	14 200			
——甲公司				4 000
——乙公司			18 200	
应付账款		11 800		
——丙公司			13 000	
——丁公司				24 800
预付账款	6 100			
——A公司			9 200	
——B公司				3 100
预收账款		8 300		
——C公司			2 300	
——D公司				10 600
坏账准备		500		
原材料	6 000			
在途物资	20 000			
库存商品	3 000			
生产成本	2 400			
存货跌价准备		800		

（1）“应收账款”项目=

（2）“应付账款”项目=

（3）“预付款项”项目=

（4）“预收款项”项目=

（5）“存货”项目=

2.假设某企业的会计人员在结账前进行对账时，查找出以下错账，请给出错账更正的方法并予以更正。

（1）用银行存款支付本月采购办公用品的费用8 600元，会计分录为：

借：管理费用 8 600

  贷：银行存款 8 600

在过账时，账簿记录为：

管理费用	
6 800	

银行存款	
	8 600

更正方法：

具体更正：

（2）计提车间生产用固定资产折旧3 500元，编制的会计分录为：

借：制造费用 35 000

  贷：累计折旧 35 000

在过账时，账簿记录为：

制造费用	
35 000	

累计折旧	
	35 000

更正方法：

具体更正：

参考答案